MEISTER ECKHART

Vom Wunder der Seele

EINE AUSWAHL AUS DEN TRAKTATEN
UND PREDIGTEN

HERAUSGEGEBEN VON
FRIEDRICH ALFRED SCHMID NOERR

MIT EINER EINLEITUNG
VON JOHANNA LANCZKOWSKI

PHILIPP RECLAM JUN. STUTTGART

Universal-Bibliothek Nr. 7319

Gesamtherstellung: Reclam, Ditzingen. Printed in Germany 1990
RECLAM und UNIVERSAL-BIBLIOTHEK sind eingetragene
Warenzeichen der Philipp Reclam jun. GmbH & Co., Stuttgart
ISBN 3-15-007319-7

Einleitung

Ist die Rede von deutscher Mystik des Mittelalters, so wird fast automatisch zuerst Meister Eckhart genannt; erst mit einiger Verzögerung fallen dann die Namen Seuse und Tauler; gemeinhin gilt jedoch Eckhart als die zentrale Gestalt der deutschen Mystik des Mittelalters. Dabei wird leicht übersehen, daß Eckhart weder deren Initiator und Beginn noch der die Gedanken dieser Epoche der mittelalterlichen Geistesgeschichte zusammenfassende Abschluß war; ob deren Höhepunkt, bleibt abzuwägen.

Das läßt fragen: Wer war Meister Eckhart? Zum anderen: Wer waren seine Zeitgenossen? Denn sowohl große historische Persönlichkeiten als auch religiöse Genies – und Eckhart war ein religiöses Genie – können nur aus ihrer Zeit heraus einigermaßen begriffen werden. Zum dritten: Was ist das Besondere, das Faszinierende an Eckhart? Worin besteht die Anziehungs- und Wirkkraft seiner Gedanken?

Geburtsjahr und Geburtsort Eckharts lassen sich nicht genau festlegen. Wahrscheinlich wurde er um 1260 in Hochheim bei Erfurt oder Gotha aus ritterlichem Geschlecht geboren; die Notiz »Echardi de hochheim« unter einer am Fest des hl. Augustinus (28. August) 1302/03 in Paris gehaltenen lateinischen Predigt läßt keine sicheren Schlüsse zu. Um 1275 wird er Dominikaner in Erfurt, bereits um 1277 studiert er in Paris die Freien Künste, danach, etwa 1280, am Studium generale des Dominikaner-Ordens in Köln, wo bis 1280 Albertus Magnus lehrte, Theologie; ob Eckhart noch Schüler des großen Albertus war, ist unklar. Von 1293 bis 1294 ist Eckhart »Lector sententiarum« in Paris, er liest die *Sentenzen* des Petrus Lombardus (gest. 1160). Vor 1298, vielleicht schon 1294/95, ruft ihn sein Orden als Prior nach Erfurt, gleichzeitig wird er Provinzial der Ordensprovinz Teutonia. Dietrich von Freiberg (gest. nach 1310) ernennt ihn zum Vikar von Thüringen. 1302/03 erlangt Eckhart in Paris die Magisterwürde (daher »Meister« Eckhart; vergleichbar einem heutigen Ordinariat für Theologie) und hat den zweiten Lehrstuhl der Dominikaner an der Theologischen Fakultät inne; in dieser Zeit entsteht der erste Teil der *Quaestiones*. Dann ruft ihn der Orden zurück: nach der Teilung der Ordensprovinz wirkt er bis 1311 als Provinzial der Dominikaner-Provinz Saxonia, die von Utrecht bis Dorpat reichte. In dieser Zeit setzt er alle seine Kräfte für den Orden ein: Unter Eckharts Obhut stehen mehr als 40 Konvente und etwa 70 Frauenklöster. Er hält Provinzialkapitel u. a. in Halle, Minden, Halberstadt, Hamburg und Rostock – von hier, vom 11. September 1305, stammt der einzige erhaltene echte Eckhart-Brief. 1307 wird er zusätzlich General-Vikar der böhmischen Ordensprovinz. Obwohl 1311 zum Provinzial der süddeutschen Provinz gewählt, entsendet ihn der Orden abermals nach Paris, wo er von 1311 bis 1313 wiederum Theologie lehrt; in dieser Zeit entsteht der zweite Teil der *Quaestiones*. Ab 1314/16 weilt Eckhart in Straßburg, von wo aus er Frauenklöster im Elsaß und in der Schweiz betreut. Aus dieser Zeit stammen wohl auch Kontakte zu »Gottesfreunden«: Rulman Merswin, der Erfinder des »Großen Gottesfreundes aus dem Oberland«, ein wichtiger Vertreter dieser Laienbewegung, das spätere Beichtkind Taulers, lebte von 1307 bis 1382 in Straßburg.

Seit 1323 leitet Eckhart rund fünf Jahre lang das Studium generale des Dominikaner-Ordens in Köln. 1326 eröffnet der Kölner Erzbischof Heinrich II. von Virneburg gegen Eckhart ein Verfahren wegen Verbreitung von Irrlehren, und zwar hauptsächlich auf Grund von Sätzen aus den deutschen Predigten, vor allem der »Von dem edelen Menschen«, wie auch von Auszügen aus dem *Buch der göttlichen Tröstung*; die beiden letzteren Titel waren für Königin Agnes von Ungarn, eine Verwandte der heiligen Elisabeth von Thüringen, bestimmt. Wer Eckhart denunziert und angeklagt hat, ist unbekannt.

Ein Franziskaner und ein Domherr waren angewiesen, alle »glaubenswidrigen und anstößigen« Passagen zusammenzustellen; sie kamen auf insgesamt 108 Sätze; davon sind 12 den lateinischen Predigten und Schriften und 96 den deutschen, vor allem »wilden«, d. h. von Eckhart nicht kontrollierten Predigtnachschriften entnommen; noch Nikolaus von Cues (gest. 1464 als Kardinal und Bischof von Brixen) kannte »anstößige« Sätze aus Eckharts lateinischem Kommentar zum Johannes-Evangelium.

Am 16. September 1326 nahm Eckhart zu der Anklage Stellung. Er führte die aus dem Zusammenhang gerissenen inkriminierten Sätze in die Gedankenfolge seiner Lehre zurück und suchte sie so zu rechtfertigen. Der Visitator Nikolaus von Straßburg, den man zu dem Prozeß hinzugezogen hatte, appellierte an den Papst; Eckharts persönliche, an Papst Johannes XXII. in Avignon gerichtete Appellation vom 24. Januar 1327 wurde verworfen. Am 13. Februar 1327 legte Eckhart in der Kölner Dominikaner-Kirche öffentlich ein Bekenntnis seiner Rechtgläubigkeit ab; er gelobte Widerruf, falls Äußerungen der Kirchenlehre widersprächen (»falls ein Widerspruch sich erweisen lasse«).

Die Anklageschrift und die Liste der beanstandeten Sätze wurden nach Avignon geschickt. Der nunmehr etwa 65jährige Eckhart reiste selbst dorthin, um sich vor dem Papst zu rechtfertigen; daß Eckhart in Avignon war, bezeugt Wilhelm von Ockham (gest. 1347), der sich zur gleichen Zeit aus dem gleichen Grund wie Eckhart dort aufhielt.

Eine Theologenkommission verfertigte ein Gutachten, das nur 28 der aus Köln übersandten 108 Sätze übernahm; später wurden noch zwei getilgt. Am 27. März 1329 erließ Johannes XXII. die Bulle *In agro Dominico*; darin verurteilt er 15 Sätze Eckharts als »häretisch« und 11 als »der Häresie verdächtig« und »sehr kühn«. Ferner erwähnt der Papst, Eckhart habe sich im voraus einer Entscheidung unterworfen, somit quasi vor seinem Tod widerrufen. Wann und wo Eckhart starb, ist ungeklärt. In einem Brief Johannes' XXII.

an den Erzbischof von Köln vom 30. April 1329 ist von Eckhart als von einem Toten die Rede.

Trotz vollen Einsatzes für seine Ordensobliegenheiten – man bedenke die vielen, damals zeit- und kräfteraubenden Reisen, daneben seine Lehr- und Predigt- und Seelsorgetätigkeit – verfaßte Eckhart ein umfangreiches lateinisches Werk, das *Opus tripartitum* (das dreigeteilte Werk), das nur fragmentarisch erhalten ist. Der Plan dieses *Opus tripartitum* ist aus den von Eckhart verfaßten Vorworten ersichtlich: Teil I enthielt Thesen (propositiones); Teil II Fragen (quaestiones; orientiert an der *Summa theologiae* des Thomas von Aquino) und Teil III Exegesen (expositiones), d. h. Auslegungen biblischer Schriften; dieser Teil enthält Auslegungen der Genesis, des Buches Exodus, des Buches der Weisheit, des Hohenliedes (fragmentarisch) und des Johannes-Evangeliums. Die drei Teile korrespondieren in folgender Weise miteinander: Im Teil I wird eine These aufgestellt, diese wird im Teil II in Frage gestellt und im Teil III anhand biblischer Exegese erläutert und erklärt. Mit dieser Methode – so scheint es – erhoffte sich Eckhart eine Lösung anstehender theologisch-philosophischer Probleme.

In Paris entstanden eine *Collatio in libros sententiarum*, zwei Predigten (Ostern 1294 und die erwähnte zum Fest des hl. Augustin 1302/03), daneben, wie ebenfalls erwähnt, die *Quaestiones* (1302/03; 1311–13).

Diese *Quaestiones* sind wahrscheinlich nicht zuletzt eine der Ursachen, die zu Eckharts Verurteilung geführt haben, denn durch diese – obwohl er sich an vielen Stellen deutlich vom Thomismus distanzierte – geriet er mitten hinein in die Lehrstreitigkeiten der beiden Bettelorden, der Dominikaner und der Franziskaner: Die Dominikaner lehrten, von Albertus Magnus (gest. 1280) initiiert, von Thomas von Aquino (gest. 1274) präzisiert, den Primat des Intellekts. Die Franziskaner, deren gewichtigster theologischer Vertreter, Johannes Duns Scotus (gest. 1308), 1302/03 gleichzeitig mit Eckhart in Paris Theologie lehrte, stellten den Primat des Willens heraus (so Duns in seinem *Opus Oxoniense*); eventuelle Eifersucht auf den größeren Lehrerfolg des Gegners ist nicht gänzlich von der Hand zu weisen. Man darf nicht vergessen: einer derjenigen, die »anstößige« Sätze Eckharts zum Zwecke der Übersendung nach Avignon zusammenstellten, Peter de Aestate, war Franziskaner.

Von den deutschen Schriften sind wohl die *Reden der Unterscheidung* und das *Buch der göttlichen Tröstung* samt der Predigt »Von dem edelen Menschen« in der Zeit der Tätigkeit in Erfurt und des Vikariats für Thüringen entstanden. Die Echtheitsfrage gerade der deutschen Predigten war und ist schwer zu entscheiden, da eine Anzahl »wilder«, d. h. unkontrollierter Nachschriften (man zählt etwa 200 Handschriften) existiert. Jedoch erlauben Textvergleiche, vor allem mit den lateinischen Schriften (von denen vier Manuskripte vorhanden sind) und den unzweifelhaft echten Eckhart-Schriften, eine Mehrheit der Predigten als echte Eckhart-Predigten anzusehen.

Die Verurteilung Eckharts durch die Kurie hat zwar einerseits den Einfluß und die Verbreitung Eckhartscher Gedanken beschnitten, andererseits diese aber – zumindest für gewisse, der Kirche kritisch gegenüberstehende, vor allem religiös interessierte und engagierte Laienkreise – attraktiv gemacht. Zudem haben Eckharts Meisterschüler Heinrich Seuse (gest. 1366; er studierte ab 1322/23 bei Eckhart in Köln) und Johannes Tauler (gest. 1361; in Köln zusammen mit Seuse Eckharts Schüler) durch Predigt und spätere, schriftlich ausformulierte eigene Lehre die Gedanken ihres großen Lehrers, wenn auch je nach persönlicher Eigenart modifiziert, verbreitet und weitergegeben. Die schon erwähnten etwa 200 kursierenden Handschriften können als Indiz für das große Interesse angesehen werden, das Eckharts Predigten entgegengebracht wurde. Mit der Anzahl der Handschriften ist aber auch angezeigt, wie groß – wenn auch unterschwellig – der Einfluß Eckhartscher Gedanken auf die Frömmigkeit des ausgehenden Mittelalters war. Zuvörderst sind Ruysbroek (gest. 1381) und Nikolaus von Cues (gest. 1464) zu nennen; für beide war Eckharts Gedankenführung im gewissen Sinne formend.

Aber dann erlischt das Interesse an und das Wissen um Eckhart: Schon Luther kannte ihn nicht mehr; obwohl ja gerade die Parallelität der Anklage und Verurteilung beider als Ketzer im späteren Protestantismus Eckhart in die Reihe der »Vorreformatoren« aufrücken ließ – so Wilhelm Preger in seiner bis heute unentbehrlichen *Geschichte der deutschen Mystik des Mittelalters* (1874–93). Für Luther waren Mystik und mystische Frömmigkeit in und durch Tauler verkörpert.

Erst durch die Romantik und ihre zunächst schwärmerische Hinwendung zum Mittelalter wurde Eckhart wiederentdeckt. Es ist das große Verdienst Franz von Baaders (1765 bis 1841), des Freundes von Joseph Görres und Schelling, den Zugang zu Eckhart wiedereröffnet zu haben.

Eckhart lebte in einer in jeder Hinsicht bewegten Zeit: die machtpolitischen Auseinandersetzungen zwischen Kaisertum und Papsttum, das schreckliche Ende des Staufergeschlechtes, das Interregnum, der katastrophale Ausgang der Kreuzzüge, die »babylonische Gefangenschaft« der Päpste in Avignon, das Erstarken nicht selten mit ketzerischen Gedanken infizierter Laienkreise – alles Geschehnisse, die den Weltenderwartungen neuen Auftrieb gaben – sind hinreichend bekannt.

Durch seine Lehrtätigkeit in Paris war Eckhart in jenen endlosen Streit der Thomisten und Scotisten hineingezogen worden, der fast zum Zerfall der theologisch-wissenschaftlichen Arbeit geführt hätte. Es darf nicht übersehen werden, daß Eckhart der Scholastik, besonders Thomas von Aquino, stark verpflichtet war: nicht nur ein Teil seines *Opus tripartitum* war an Thomas orientiert, von Thomas hat er auch beispielsweise den Gedanken des Seelenfünkleins, der »scintilla animae«, übernommen. An Eckhart wird deutlich, was Martin Grabmann herausgestellt hat, daß nämlich Scholastik und Mystik nicht Gegensätze, sondern Korrelate sind: »Die

Mystik will Verinnerlichung und Glauben der durch die Scholastik begründeten Lehre von der Gottesgemeinschaft. Die Stätte der Scholastik ist das Katheder, die Scholastik will Lehr- und Lerngut sein, daher ihre unpersönliche, verstandesmäßige Form [...]. Die Mystik gedeiht in stiller Klosterzelle; sie ist Zwiesprache der Seele mit Gott [...]. Sie will mit der hienieden möglichen innigsten und innerlichsten Weise mit Gott in Kontakt treten.«[1]

Für den »Mystiker« Eckhart war entscheidend, daß er in die Hochblüte der deutschen Mystik hineinwuchs: Hildegard von Bingen (1098–1179) hatte ihr Werk *Sci vias* (»Wisse die Wege«) voller prophetisch-seherischer Kraft schon etwa hundert Jahre vor Eckharts Geburt vollendet. Die visionären Schriften Elisabeths von Schönau (1129–64), vor allem der *Liber viarum Dei* (»Das Buch der Wege Gottes«) waren weit verbreitet. Und im Kloster Helfta bei Eisleben, das von Dominikanern (!) betreut wurde, nur etwa 60 km von Erfurt entfernt, wo Eckharts Mutterkloster war, vollendete Mechthild von Magdeburg (1207/10–1281/82; seit 1270 in Helfta), ihr *Fließendes Licht der Gottheit*, eines der sprachgewaltigsten und einflußreichsten Werke deutscher Mystik. Im gleichen Kloster begann 1289 die große Gertrud (1256–1301/02) die Niederschrift ihres *Legatus divinae pietatis* (»Gesandter der göttlichen Liebe«) und – kurz danach – ihrer *Exercitia spiritualia* (»Geistliche Übungen«), in denen sie von der unwandelbaren Liebe Gottes und von seinem unendlichen Erbarmen kündet. Seit etwa 1290 – Eckhart ist seit 1294/95 Vikar von Thüringen – schreibt Gertrud die Visionen ihrer Lehrerin Mechthilde von Hackeborn (1241/42–99), den *Liber specialis gratiae* (»Das Buch der besonderen Gnade«) nieder, eine Schrift voll inniger Hingabe an Gott, als dessen geliebtes Kind sich Mechthild weiß. Und spätestens 1300/01 diktiert Gertrud die Bücher III, IV und teilweise V ihres *Legatus*.

1 Martin Grabmann, *Die Geschichte der scholastischen Methode*, Freiburg i. Br. 1911, S. 97.

Vergleicht man die Werke der großen Mystikerinnen mit den Schriften und Predigten Eckharts, so fallen dessen Sachlichkeit und Nüchternheit der Darlegung und Gedankenführung ins Auge: da sind keine Schauungen, die von Gottes gewaltigem Wirken berichten, da ist keine glühende, verzehrende Gottesliebe und Gottessehnsucht, da ist kein beglükkendes Wissen um die Geborgenheit in Gott, hier redet und schreibt der reflektierende Gelehrte, der Scholastiker. Bezeichnend für Eckhart ist ja, daß er weder Visionen noch Ekstase erlebt und erfahren hat. Nur selten bricht bei ihm eine Art prophetisches »Getriebensein« und »Reden-müssen« durch, wie in der Predigt »Nolite timere eos« (»Ihr sollt sie nicht fürchten«), wenn er sagt: »Wer diese Predigt verstanden hat, dem vergönne ich sie wohl. Wäre hier niemand gewesen, ich hätte sie diesem Opferstocke predigen *müssen*.«[2]

Ein zentrales Thema, das Eckhart in immer neuen Denkansätzen umkreist, ist – wie bei den großen Mystikern und Mystikerinnen vor ihm und bei seinen mystisch begnadeten Zeitgenossinnen – die Beziehung der Seele zu Gott. Während die beiden Mechthilden und die große Gertrud in tiefer Gottesliebe und gehorsamer Demut (wenn auch bei Mechthild von Magdeburg oft ein beinahe fordernder Ton mitschwingt) sich Gottes Willen beugen und Gottes Nähe beseligend erfahren, indem Gott an und in ihnen handelt und wirkt, folgert Eckhart nüchtern in der Predigt »Scitote, quia prope est regnum Dei« (»Wisset, das Reich Gottes ist nahe«): »Nicht dadurch ist er [der Mensch] selig, daß Gott *in* ihm ist und ihm so ›nahe‹ ist und daß er Gott hat, sondern dadurch, daß er *erkennt*, wie ›nahe‹ Gott ihm ist und daß er um Gott *›wisse‹*«[3], oder: »Davon allein bin ich selig, daß Gott vernünftig ist, und ich das *erkenne*«[4]. Dieser Gedanke, daß das *Erkennen* Gottes

2 Josef Quint (Hrsg.), Meister Eckehart: *Deutsche Predigten und Traktate*, München 1955, [6]1985, S. 273 (Predigt 26).
3 Ebd. S. 323 (Predigt 36).
4 Ebd. S. 199 (Predigt 10: »Quasi stella matutina«).

und das *Wissen* um Gott – an anderer Stelle heißt es: »Ein Mensch *muß ein lauteres klares Wissen* haben von göttlicher Wahrheit«[5] – den Menschen selig macht, erinnert an den größten Theologen der Alten Kirche, an Origenes (185/186–254), der mit *Über die Anfänge* (*Peri archōn; De principiis*) die erste christliche Dogmatik schuf, indem er, der Schüler des Ammonius Sakkas (gest. 242), des angeblichen Stifters des Neuplatonismus, die Lehren des christlichen Glaubens analog einer heidnischen Philosophie darlegte. Origines, dessen ursprünglich griechisch verfaßte Schriften in der lateinischen Übersetzung des Rufinus (gest. 410) im Abendland bekannt wurden, differenzierte zwischen Gemeindeglauben (Mythos), dessen Anhänger selig werden, da der Mythos Wahrheit ist, und der »höheren« Religion, in der der Erkennende, der Gnostiker, die Nähe Gottes erkennend und wissend – ohne Ekstase und Visionen – erfährt und eben durch Erkennen fähig wird, zu Gott emporzusteigen. Man vergleiche dazu Eckharts Predigt »Iustus in perpetuum vivet« (»Der Gerechte wird in Ewigkeit leben«), da heißt es: »Grobsinnige Leute müssen dies [sc. die Glaubenslehre] (einfach) *glauben*, die Erleuchteten aber müssen es *wissen*«[6]; wenn Eckhart predigt, gewinnt man nicht selten den Eindruck, er predigt in erster Linie für die »Wissenden« – so am Schluß der Predigt »Beati pauperes spiritu« (»Selig sind die Armen im Geiste«): »Wer diese Rede nicht versteht, der bekümmere sein Herz nicht damit. Denn solange der Mensch dieser Wahrheit nicht gleicht, solange wird er diese Rede nicht verstehen. Denn es ist eine unverhüllte Wahrheit, die da gekommen ist aus dem Herzen Gottes unmittelbar.«[7]

Noch ein anderer, zentraler Gedanke Eckharts führt zu Origenes: die Geburt Gottes in der Seele. Will der Mensch selig werden, so muß Gott in des Menschen Seele geboren werden wie Christus in und aus Maria. In diesem Zusammen-

5 Ebd. S. 202 (Predigt 11: »In diebus suis placuit deo«).
6 Ebd. S. 267 (Predigt 25).
7 Ebd. S. 309; fast wörtlich ebenso S. 303 (Predigt 32).

hang ist eine der theologisch relevanten Origenes-Erwähnungen im Predigt-Corpus Eckharts bemerkenswert und bezeichnend. »Origenes schreibt ein hohes Wort, und spräche ich es, es würde euch unglaubhaft dünken: Nicht allein werden wir eingeboren im Sohne; wir werden (vielmehr) ausgeboren und wieder eingeboren und werden neu geboren und unmittelbar geboren im Sohne.«[8] In der Predigt »In diebus suis placuit deo« (»Er hat in seinen Tagen Gott gefallen«) führt Eckhart aus: »Die Seele, die da steht in einem gegenwärtigen Nun, in die gebiert der Vater seinen eingeborenen Sohn, und in derselben Geburt wird die Seele wieder in Gott geboren. Das ist *eine* Geburt: so oft sie (die Seele) wiedergeboren wird in Gott, so oft gebiert der Vater seinen eingeborenen Sohn in sie«.[9] Und diese Seele, in die der Vater seinen eingeborenen Sohn gebiert, »nimmt ihr Sein unmittelbar von Gott, darum ist Gott der Seele näher als sie sich selbst, darum ist Gott im Grunde der Seele in seiner ganzen Gottheit«.[10] In den *Homiliae in canticum canticorum*, (»Homilien über das Hohe Lied«) des Origenes steht zu lesen (II,VI): »non solum autem in Maria ab umbra eius nativitas coepit, sed in te, si dignus fueris, nascitur sermo Dei. Fac igitur, ut possis capere umbra eius et, cum umbra fueris dignus effectus, veniet ad te, ut dicam, corpus eius« (»Nicht nur in Maria hat von Seinem Schatten [= Gottes Wirken] Seine Geburt begonnen, sondern auch in dir, wenn du würdig sein wirst, wird das Wort Gottes geboren. Mache also, daß du Seinen Schatten fassen kannst, und wenn du Seines Schattens würdig sein wirst, wird Sein Leib zu dir kommen, wie ich sage«).[11] Und diese Gnadengabe

8 Ebd. S. 373 (Predigt 46: »Beati, qui esuriunt«); die dritte Origenes-Nennung im Predigt-Corpus Eckharts findet sich in Predigt 47: »Ecce, ego mitto angelum meum« (s. Quint, Anm. 2, S. 377) und lautet: »Origenes spricht: Maria Magdalena suchte unsern Herrn; sie suchte einen toten Menschen und fand zwei lebende Engel, und das genügte ihr nicht.«

9 Ebd. S. 206 (Predigt 11).

10 Ebd. S. 201 (Predigt 11).

11 Zit. nach der Ausgabe: Origène, *Homélies sur le Cantique des Cantiques*, Introduction, Traduction et Notes de D. Olivier Rousseau OSD. [lat./frz.], Paris 1966, (Sources Chrétiennes Nr. 37) S. 126.

der Möglichkeit der Gottesgeburt in der Seele kann dem Menschen niemals verloren gehen; Eckhart nennt wiederum Origenes als Kronzeugen: »Doch lehrt Origenes, der große Meister: Weil Gott selber uns diesen Samen eingesät, eingedrückt und eingeboren hat, so kann er wohl bedeckt und verborgen, aber nimmer vertilgt und gelöscht werden, er glüht und glänzt, leuchtet und brennt und strebt ohne Unterlaß zu Gott hinauf.«[12]

Voraussetzung für diese Gottesgeburt in der Seele – so Eckhart – ist die Abgeschiedenheit, ein Thema, das ebenfalls Eckhart zeitlebens beschäftigt hat: nur die »abgeschiedene« Seele gebiert Gott in sich, d. h. die Seele, die von allen Bildern, Vorstellungen, Wünschen und Sehnsüchten frei und befreit ist, die nackt und bloß vor Gott steht. Eckharts Definition der Abgeschiedenheit gründet letztlich auf der Perikope Mark. 10,29 ff. (und parallelen Stellen): Wer Jesus wahrhaftig nachfolgen (und sich mit ihm vereinigen) will, der muß sich von *allem*, Eltern, Geschwistern, Besitz, Freunden, vor allem aber vom eigenen Wollen und Wünschen, von eigenen Plänen und Zielen *ab-scheiden*; nur dann kann er Christus angehören, und nur dann wird Gott in der Seele geboren. Die Radikalität des Eckhartschen Anspruchs rückt ihn in die Nähe der absoluten Gehorsams- und Hingabeforderung der großen Gertrud und zeigt prophetischen Ernst und alttestamentliche Härte, und sie führt wiederum zu Origenes, der Matth. 19,12 wörtlich nahm, um Christus als Reiner nachfolgen zu können. Origenes lehrte: Der Logos (Christus) vereinigt sich nur mit der keines Abfalles von Gott schuldigen Seele [die sich also von allem Weltlichen abgeschieden hat und nur für Gott lebt] und wird eins mit ihr.

Diese Hinweise sollen stellvertretend stehen für viele Gedankenbezüge, die Eckhart und Origenes verbinden; eines aber wird deutlich: Eckhart war, wie der große Origenes,

12 Friedrich Schulze-Maizier (Hrsg.), *Meister Eckharts deutsche Predigten und Traktate* [Auswahl], Leipzig 1938, S. 166 (Predigt »Von dem edelen Menschen«); vgl. Quint, Anm. 2, S. 142.

im Grunde kein Mystiker, sondern christlicher Gnostiker. Wenn er in der Predigt »Quasi stella matutina« (»Gleichwie der Morgenstern«)[13] sagt: »Ehe es noch Sein gab, wirkte Gott; er wirkte Sein, als es Sein noch nicht gab« oder in der gleichen Predigt: »*Vernunft* ist der Tempel Gottes. Nirgends wohnt Gott eigentlicher als in seinem Tempel, in der Vernunft«,[14] so ist der weite Abstand zu seinen mystisch begnadeten Zeitgenossinnen nur zu deutlich. *Sein* Weg zu Gott führt über das Erkennen, über den Verstand, nicht über das hingebungsvoll liebende Herz des Mystikers.[15]

Ein weiteres Wesensmerkmal eint Eckhart und Origenes: die Keuschheit der Seele. Beide sprechen über ihre letzte, tiefste *Gotteserkenntnis* nicht, genau wie die große Gertrud über ihre beglückendste *Gotteserfahrung* schweigt. Zwar lassen Gedankensplitter bei allen Dreien die Größe und Gewalt der Erkenntnis/Erfahrung erahnen, in denen sie von der unendlichen Liebe Gottes zur Seele und über das *Wunder der Seele* und deren Beziehung zu Gott *Erkenntnis* gewannen oder durch Gnade belehrt wurden, aber persönliche Berichte darüber fehlen. Die Heiligkeit des Erkannten/Geschauten hat ihnen den Mund versiegelt.

Ein letzter Hinweis auf das Schicksal der beiden Männer sei gestattet: Origenes, dem ob seiner Selbstentmannung von der Kirche, für die er Pionierarbeit geleistet hatte, große Schwierigkeiten gemacht wurden, starb an den in der Decischen Christenverfolgung erlittenen Foltern; Eckhart starb, in Avignon als Ketzer verfemt.

13 Quint (Anm. 2) S. 196 (Predigt 10).

14 Ebd. S. 197.

15 Hier sei Kurt Flasch, »Procedere ut imago«, in: *Abendländische Mystik im Mittelalter*, hrsg. von Kurt Ruh (Symposion Kloster Engelberg 1984), Stuttgart 1986, S. 126, zitiert: »Ich schließe mit der subjektiven Bemerkung, daß ich heute das Wort ›Mystik‹ nicht nur für entbehrlich, sondern für die Erforschung Eckharts eher schädlich halte.« Siehe ferner: Kurt Flasch, *Das philosophische Denken im Mittelalter. Von Augustin bis Machiavelli*, Stuttgart 1986, bes. S. 406–424 und 654–656 [Literatur].

Um das Besondere der Eckhartschen Gedanken zu erahnen, vergleiche man seine Traktate und Predigten mit den Schriften der großen Mystikerinnen und Mystiker vor Eckhart, z. B. Hildegards von Bingen, Elisabeths von Schönau, aber auch Bernhards von Clairvaux (1091–1153), Hugos von St. Viktor (1097–1141) oder Richards von St. Viktor (gest. 1173), oder Wilhelms von St. Thierry (gest. 1148) wie auch seiner mystisch begnadeten Zeitgenossinnen oder seiner Schüler Seuse und Tauler. Es fällt, vereinfachend gesagt, eines auf: Jene beugen sich demütig unter die Hand Gottes, Eckhart ist der einzige unter ihnen, der sich als Erkennender Gott nähert; er steht gewissermaßen erhobenen Hauptes vor Gott. »Da Gott die Seele berührt und geschaffen hat ungeschöpflich, ist die Seele so edel wie Gott selbst, nach dieser Berührung Gottes. Gott berührt sie (gleich) nach sich selbst.« So heißt es in der Predigt »In diebus suis placuit Deo«.[16] Dieses Erbe der christlichen Gnosis, das Selbstbewußtsein des der Erkenntnis Gottes fähigen Menschen, das ist es wohl, was Eckharts Gedanken gerade für den abendländischen Menschen so anziehend machte und macht; vor allem seit der Aufklärung, die Religion, Moral und Recht auf die »Vernunft« und die »Natur« gründet und bereits im 17. Jahrhundert mit der Autorität des Aristoteles gebrochen, sich von der Scholastik gelöst und um von der Kirchenlehre unabhängige (philosophische) Erkenntnis gerungen hat. Unverständlicherweise fanden die »Väter« dieser neuen Philosophie, z. B. Descartes (gest. 1650), Spinoza (gest. 1677) und Leibniz (gest. 1716), die mit mittelalterlich-scholastischem Denken noch wohlvertraut waren, den Weg zu Eckhart nicht, obwohl so viele Eckhart-Stellen ihre »moderne« Sprache sprechen, so etwa, wenn Eckhart von der Kraft der Seele predigt: »Eine weitere Kraft ist in der Seele, mit der sie denkt. Diese Kraft stellt in sich die Dinge vor, die nicht gegenwärtig sind, so daß ich diese Dinge ebensogut erkenne, als ob ich sie mit den

16 Franz Pfeiffer (Hrsg.), *Deutsche Mystiker des 14. Jahrhunderts,* Bd. 2, Leipzig 1857, S. 267.

Augen sähe, ja noch besser – ich kann mir eine Rose sehr wohl (auch) im Winter denkend vorstellen –, und mit dieser Kraft wirkt die Seele im Nichtsein und folgt darin Gott, der im Nichtsein wirkt.«[17]

In diesen letzten Worten klingt das »Eritis sicut Deus scientes bonum et malum« (»Ihr werdet sein wie Gott und Gut und Böse erkennen«, Gen. 3,5) durch, die uralte, besonders für das abendländische Denken oft so verhängnisvolle, hybride Fiktion von der Gottgleichheit des Menschen.

Johanna Lanczkowski

17 Quint (Anm. 2) S. 198 (Predigt 10: »Quasi stella matutina«).

Von der Selbsterkenntnis
oder: Von der Vollendung der Seele

Wer zum höchsten Adel seines Wesens gelangen will und zur Anschauung des höchsten Gutes, das Gott selber ist, der muß ein Erkennen seiner selbst haben, wie auch der Dinge, die um ihn sind, bis zum Höchsten. Nur so gelangt er zu seiner wahren Lauterkeit. Darum, mein lieber Mensch, lerne du dich selbst erkennen; das ist dir besser, als wenn du alle Kräfte der Kreatur kenntest. Wie du aber dich selber erkennen kannst, dazu merke zweierlei Weise.

Zuerst siehe zu, wie es um deine äußeren Sinne steht: Das Auge steht allezeit dem Bösen ebenso bereit zum Sehen wie dem Guten; ebenso das Ohr dem Hören, und so ist es mit allen Sinnen. Darum müßt ihr euch mit großem Ernst dem Guten zuwenden.

Sodann vernehmt von den inneren Sinnen. Das sind die edlen Kräfte, die in der Seele sind, die niederen wie die höheren. Die niederen dienen den höheren Kräften und zugleich auch den äußeren Sinnen. Darum sind sie den äußeren Sinnen so nahe gelegen, daß sie das, was das Auge sieht und was das Ohr hört, sogleich dem Begehren zuführen. Ist es dann eine ordentliche Sache, so bietet sie das Begehren sofort einer anderen Kraft dar, die heißt Betrachtung. Die schaut das Ding an und bietet es einer dritten Kraft dar, die heißt Vernunft. Also wird das Angeschaute geläutert, ehe es zu den höchsten Kräften gelangt. So edel ist die Kraft der Seele, daß sie das Angeschaute sonder Gleichnis und sonder Bild aufnimmt und in die höchsten Kräfte emporträgt. Dort wird das Angeschaute vom Gedächtnis behalten, vom Verständnis erfaßt und vom Willen erfüllt. Dieses sind die höchsten Kräfte der Seele und sie sind in einer Natur vereinigt. Und alles, was die Seele wirkt, das wirkt auch die eine Natur in den Kräften.

Was aber ist die Natur der Seele? Gewißheit. Und diese Natur ist also unmeßbar, daß der Raum sie so wenig kümmert, als ob er gar nicht da wäre. Hätte ein Mensch einen lieben Freund über tausend Meilen, so strömte doch seine Seele ihm zu mit all ihrem Vermögen und minnte dort den lieben Freund.

Herzensfreunde, merket nun wohl auf, wie recht und wie edel eine jegliche Kraft geordnet und an ihre Stelle gesetzt ist, und sind doch einer Natur. Das Gedächtnis ist eine bewahrende Kraft alles dessen, was die anderen Kräfte ihm zubringen. Dazu ist sie berufen. Die andere Kraft heißt Vernunft. Die ist so edel, daß ihr, wenn sie das höchste Gut, das Gott selber ist, verstehen soll, alle anderen Kräfte dienen müssen nach ihrem Vermögen. Die dritte Kraft heißt Wille. Diese Kraft ist so edel, daß sie gebietet und verbietet, je nachdem, wie sie will. Was sie also nicht will, des ist sie ledig und frei.

Es ist eine Frage unter den Meistern, ob Vernunft oder Wille edler sei. Die Vernunft erfaßt selbst solche Dinge, die uns jetzt unzugänglich sind. Darin liegt ihre Edelkeit. Der Wille aber vermag für sich selbst alle Dinge. Und wo die Vernunft nichts mehr vermag, da schwingt sich der Wille auf in das Licht und in die Edelkeit des Glaubens. Das ist die Edelkeit des Willens. Doch hat der Wille diese Überlegenheitsgewalt nicht aus eigenem Vermögen. Ihm wird Hilfe von den anderen Kräften zuteil. Und vom Glauben.

Welches aber ist die Kraft in dieser Dreifaltigkeit der Seele, aus der der Glaube zuerst entspringt? Aus der vermittelnden Kraft der Seele: aus dem Erkennen entspringt der Glaube. Der Glaube aber wird fruchtbar im Willen und der Wille wiederum wird fruchtbar im Glauben. So ist also das Licht des Glaubens die Ursache des Überschwungs in den Willen.

Daß dies aber ein Höheres ist, das versteht das Erkennen gar wohl. Und hier ist dann das Erkennen über dem Willen. Jedoch in seiner Eigenschaft als Wille hat der Wille Hoheit und Edelkeit, und das empfängt er von dem höchsten Gut, das Gott selber ist. Und er empfängt Gnade und das höchste

Gut selber in dieser Gnade. Denn was die Seele empfängt, das empfängt sie durch den Willen und anders nicht. Durch die Gnade des höchsten Gutes werden die anderen Vermögen in der Einheit einer Natur gekräftigt, und da wird dann das Licht entzündet in der Kraft des Heiligen Geistes. Und aus diesem Licht werden alle Werke der Seele gewirkt. Eine wahre Urkunde dieses gnädiglichen Lichtes ist es, wenn dann ein Mensch mit freiem Willen sich abwendet von den vergänglichen Dingen und sich hinkehret zu dem höchsten Gute, das Gott selber ist.

Nun merket, wie die Seele zu ihrer höchsten Vollendung kommen kann: Wenn Gott in die Seele getragen wird, dann entspringt in der Seele ein göttlicher Liebesquell, der treibt die Seele wieder in Gott zurück, so daß der Mensch nichts mehr wirken mag denn geistliche Dinge.

O Wunder über Wunder, wenn ich an die Vereinigung denke, die die Seele mit Gott hat: Er macht die Seele freudewonnig aus sich selber fließen und alle nennbaren Dinge genügen ihr nicht mehr. Ja, sie genügt auch sich selber nicht. Der göttliche Liebesquell strömt auf sie über und reißt sie aus sich selber hinüber in ihren ersten Ursprung, der Gott alleine ist. In ihm kommt die Seele zu ihrer höchsten Vollendung.

St. Augustinus spricht: Gerade wie es um Gott ist, so ist es auch um die Seele. Seht, wie sie gebildet ist nach dem Bilde der Heiligen Dreifaltigkeit.

Gott ist dreifach von Person und doch einfach von Natur. Gott ist auch an allen Orten, und an jedem Ort ist Gott ganz. Das will soviel sagen, daß alle Orte *ein* Ort Gottes sind. Also ist es auch mit der Seele. Gott hat die Voraussicht aller Dinge und bildet alle Dinge in seiner Voraussicht. Das ist Gottes Natur. Also ist es auch mit der Seele. Sie ist auch dreifach von Kräften und einfach von Natur. Die Seele ist auch in allen Gliedmaßen des Körpers, und in einem jeglichen Gliede ist sie ganz. Also sind alle Gliedmaßen eine Stätte der Seele. Und auch die Seele hat Voraussicht und bildet alle Dinge, die ihr möglich sind. So hat die Seele von allem, was man von Gott aussagen kann, etwas Gleiches.

Nun will ich noch mit euch reden von dem Namen der Heiligen Dreifaltigkeit: Wenn man vom Vater oder vom Sohne oder vom Heiligen Geist spricht, dann spricht man von den göttlichen Personen. Spricht man aber von der Gottheit, dann spricht man von der Natur. In der Gottheit sind die drei Personen eins vermöge der Einheit ihrer Natur. Und sind darin als ein Ineinanderfließen ohne Unterscheidung. In diesem selben Flusse fließt der Vater in den Sohn und der Sohn in den Vater zurück, und sie beide fließen in den Heiligen Geist und der Heilige Geist fließet wieder in sie beide. Darum sagt unser Herr Jesus Christus: »Wer mich siehet, der siehet den Vater. Mein Vater ist in mir und ich bin in ihm.«

Dies Ineinanderfließen in der Gottheit ist ein Sprechen sonder Wort und sonder Laut, ein Hören sonder Ohren, ein Sehen sonder Augen. Und hiervon vernehmt ein Gleichnis von der edlen Seele, die hat auch dies wunderbar gleiche Fließen in sich. Wo die höchsten Kräfte und die Natur gleiche Eigenschaft haben, da fließt eine Kraft in die andere und wird offenbar ohne Wort und ohne Laut. Selig die Seele, die da zur Anschauung des Ewigen Lichtes gelangt. Was aber die göttliche Natur sei, davon ist nie noch einer Kreatur Mitteilung zugekommen. Ein Meister sagt: Gottes Natur ist Gottes Schönheit. Dazu sage ich: In dieser Schönheit da geschieht ein Leuchten und Widerstrahlen, da leuchtet eine jegliche der drei göttlichen Personen der anderen wie sich selber. In diesem Leuchten ist die Vollkommenheit der Schönheit.

Wie aber ist es mit dem ewigen Wort des Vaters? Sankt Augustinus spricht darüber in fünf Gleichnissen, gerade als ob er sie auf die Person unseres Herrn Jesu Christi bezöge: »Ich bin kommen als ein Wort aus dem Herzen, daraus es gesprochen ist. Ich bin kommen als ein Schein aus der Sonne. Ich bin kommen als ein Blitz aus dem Feuer. Ich bin kommen als ein Duft der Blumen. Ich bin kommen als ein Strom des ewigen Quells.«

Also ist das ewige Wort ausgesprochen in der Person des Sohnes und ist Gott geblieben kraft seiner Natur und in dieser Natur. So auch sind alle Dinge kraft ihrer Begrenzung ausgeflossen in die Zeit. Aber in der Ewigkeit, da sind sie sonder Begrenzung. Da sind sie Gott in Gott. Dazu vernehmt ein Gleichnis: Wäre ein Meister, der alle Kunst in sich hätte, und er schüfe aus einer jeden Kunst ein Werk, so bliebe dennoch alle seine Kunst in ihm selber beschlossen. Die Künste meistert der Meister. Also ist es mit der Erstheit aller Urbilder der Dinge. Sie sind Gott in Gott.

Es ist nun die Frage: wie alle Dinge in ihren ersten Ursprung zurückfließen? Dazu vernehmt: Alle Kreatur ändert in der menschlichen Natur ihren Namen und wird durch sie geadelt; in menschlicher Natur verläßt sie ihre Natur und kommt in den Ursprung zurück.

Das geschieht auf zweierlei Art: Zum ersten hat die menschliche Natur das Vermögen, in geistlichen Dingen das Edelste zu wirken; denn in geistlichen Dingen fließt der Geist wieder in seinen Ursprung zurück. Das zweite ist dies: Was der Mensch an Speise und Trank empfängt, das wird zu Fleisch und Blut in ihm. Seht, nun ist des Christen Glaube, daß dieser Leib am Jüngsten Tag wieder auferstehen soll. Da erstehen auch alle Dinge nicht an sich selber, sondern an dem, der sie in sich verwandelt hat. Da wird der Mensch vergeistet und wird alles ein Geist und fließt mit dem Geist zurück in den ewigen Ursprung. Daran wird sich erweisen, ob eine jede Kreatur in menschlicher Natur etwas Ewiges errungen hat. Daran sieht man auch die Treue und die Güte und die Minne Gottes, daß er seinen treuen Knecht ganz und gar will zu sich nehmen. Da ist dann alles in allem beschlossen und alles in allem Eines.

Nun könnte man mir sagen: Das ist alles schön und wohl gesprochen, Herzensfreund. Aber wie geschieht das, daß ich zu der lauteren Edelheit komme? Verstehet recht: Gott ist, was er ist; und was er ist, das ist mein; und was mein ist, das liebe ich; und was ich liebe, das liebt mich und zieht mich in sich hinein; und was mich also an sich genommen hat, dem gehöre ich mehr an als mir selber. Seht, darum minnet Gott, dann werdet ihr Gott mit Gott. Hiervon will ich nichts mehr sagen.

Merket aber noch von der Freiheit des Geistes dieses: Der Geist soll also frei sein, daß er an allen nennbaren Dingen nicht hange und daß sie nicht an ihm hangen. Ja, er soll noch freier sein: also frei, daß er für all seine Werke keinerlei Lohn erwarte von Gott. Die allergrößte Freiheit aber soll dies sein, daß er all seine Selbstheit vergesse und mit allem, was er ist, in den grundlosen Abgrund seines Ursprungs zurückfließe. Die auf sich selbst verzichten und Gott also folgen in rechter Vernichtigung: wie könnte Gott es lassen, daß er ihnen nicht seine Gnade in die Seele gösse, die sich also in der Minne vernichtigt hat? Er gießt seine Gnade in sie und erfüllt sie und gibt sich ihr selber in Gnaden hin und bringt die Seele in die Anschauung seiner Gottheit.

Das geschieht in der Ewigkeit und nicht in der Zeit. Doch empfängt die Seele einen Vorgeschmack hier in der Zeit von dem, was von jenem heiligen Leben gesagt worden ist. Dies aber ist darum gesagt, damit ihr wisset, daß niemand zu seiner höchsten, lautersten Edelkeit kommen kann im Erkennen und im Leben, er müßte denn der freiwilligen Armut folgen oder den Armen gleich sein. Das ist für alle Leute das allerbeste.

Nun loben wir Gott um seiner ewigen Güte willen und bitten ihn, er möge uns am Ende zu sich nehmen. Dazu verhelfe uns der Vater und der Sohn und der Heilige Geist. Amen.

Von der Abgeschiedenheit

Ich habe der Schriften viele gelesen und habe mit Ernst und mit Fleiß danach gesucht, welche die beste und höchste Tugend sei, die den Menschen Gott am nächsten bringe und durch die der Mensch dem Bilde am meisten gleich würde, da er noch in Gott war und zwischen ihm und Gott kein Unterschied bestand, ehe Gott die Kreaturen schuf. Und wenn ich alle Schriften durchforsche, so finde ich, so weit auch meine Vernunft nach Erkenntnis ringt, nichts, was so lauter wäre wie reine Abgeschiedenheit, die aller Kreaturen ledig ist. Darum sprach unser Herr zu Martha: »Eins ist not.« Das heißt soviel wie: wer unbetrübt und rein sein will, der muß eines haben, und das ist Abgeschiedenheit.

Die Lehrer loben Minne über alles, wie St. Paulus tut, wenn er spricht: »Was ich auch tun mag, wenn ich nicht Liebe habe, so bin ich gar nichts.«

Aber ich lobe Abgeschiedenheit mehr als Minne, darum, weil das Beste an der Liebe das ist, daß sie mich zwingt, Gott zu minnen. Nun ist es viel edler, wenn ich Gott zu mir zwinge, als wenn ich mich zu Gott zwinge. Und das geschieht darum, weil meine ewige Seligkeit daran liegt, daß ich mit Gott vereinigt werde; aber Gott kann einfüglicher sich mir einfügen als ich mich Gott. Daß die Abgeschiedenheit Gott zu mir zwingt, das beweise ich damit, daß ein jegliches Ding gerne an seiner natürlichen Eigenstatt ist. Nun ist Gottes natürliche Eigenstatt Einheit und Lauterkeit. Und die kommen von der Abgeschiedenheit. Darum muß sich einem abgeschiedenen Herzen Gott notweis selber geben.

Zum andern lobe ich Abgeschiedenheit mehr als Minne, weil Minne mich dazu zwingt, alles um Gottes willen zu erleiden. Die Abgeschiedenheit aber zwingt mich dazu, daß ich für gar nichts anderes empfänglich bin als für Gott. Nun ist es aber viel edler, für gar nichts außer für Gott empfänglich zu sein, als um Gottes willen alles zu erleiden. Denn im Leiden hat der Mensch immer noch eine Beziehung zur Kreatur, von der er zu leiden hat; die Abgeschiedenheit dagegen steht ledig aller Kreatur.

Die Meister loben auch Demut vor allen anderen Tugenden. Ich lobe die Abgeschiedenheit vor aller Demut, und zwar darum: Demut kann ohne Abgeschiedenheit bestehen; dagegen gibt es keine vollkommene Abgeschiedenheit ohne vollkommene Demut. Denn vollkommene Demut geht aus auf das Vernichten seiner selbst und stellt sich selber unter alle Kreaturen. Die Abgeschiedenheit jedoch bleibt in sich selbst. Nun aber vermag kein Hinausgehen so edel zu sein, daß nicht das Innebleiben doch noch etwas Höheres wäre. Vollkommene Abgeschiedenheit achtet auf nichts und stellt sich weder unter noch über eine Kreatur. Sie will weder unten noch oben sein; sie will weder Gleichheit noch Ungleichheit; sie will nichts anderes als abgeschieden sein. Durch sie wird kein Ding beschwert.

Auch lobe ich mir Abgeschiedenheit über alle Barmherzigkeit; denn Barmherzigkeit ist nichts anderes, als daß der Mensch aus sich selbst heraus und zu den Gebresten seines Mitmenschen geht, so daß sein Herz davon betrübt wird. Dessen steht die Abgeschiedenheit ledig; sie bleibt in sich selbst, und kein Ding kann sie betrüben. Kurz gesagt: wenn ich alle Tugenden bedenke, so finde ich keine so ohne Fehler und so zu Gott führend wie die Abgeschiedenheit. Der Mensch, welcher derart in so völliger Abgeschiedenheit steht, wird also in die Ewigkeit verzückt, daß ihn kein vergängliches Ding mehr bewegen kann. Nichts, was irdisch ist, mag ihm noch schmecken. Das meint St. Paulus, wenn er sagt: »Ich lebe und lebe doch nicht, Christus lebt in mir.«

Nun möchtest du fragen, was denn Abgeschiedenheit sei, wenn sie so edel in sich selber ist? Hierzu sollst du wissen, daß rechte Abgeschiedenheit nichts anderes ist, als daß der Geist in allen Zufällen der Liebe und des Leides, der Ehre und der Schande, so unbeweglich steht, wie ein breiter Berg gegen einen kleinen Wind. Diese Abgeschiedenheit bringt den

Menschen in die größte Gleichheit mit Gott, sofern eine Kreatur Gleichheit mit Gott zu haben vermag. Und solche Gleichheit geschieht aus Gnade, denn die Gnade zieht den Menschen von allem Zeitlichen ab und läutert ihn von allen vergänglichen Dingen. Und du sollst wissen: Leersein von aller Kreatur ist Gottes voll sein, und Vollsein mit aller Kreatur ist Gottes leer sein.

Nun könnte ein Mensch fragen: Hatte denn Christus unbewegliche Abgeschiedenheit, als er sprach: Meine Seele ist betrübt bis in den Tod? Und Maria, als sie unterm Kreuze stand? Da man doch viel von ihrer Klage spricht? Wie mag das alles bestehen mit unbeweglicher Abgeschiedenheit?

Hierzu sollst du wissen: in einem jeden Menschen sind zweierlei Menschen. Der eine heißt der äußere Mensch, das ist des Menschen Sinnlichkeit. Diesem Menschen dienen fünf Sinne; doch wirken diese Sinne durch die Kraft der Seele. Der andere Mensch heißt der innere Mensch. Das ist des Menschen Innerlichkeit. Nun sollst du wissen, daß jeder Mensch, der Gott liebt, die Kräfte seiner Seele für den äußeren Menschen nicht weiter in Anspruch nimmt, als die fünf Sinne zur Not eben bedürfen; und die Innerlichkeit kehrt sich nicht zu den fünf Sinnen, es sei denn als ihr Weiser und Leiter, der den Menschen hütet, daß er nicht, wie manche Leute tun, der Wollust lebe, wie die Tiere, die ohne Vernunft sind. Solche Leute sollten eigentlich mehr Tier als Mensch heißen. Was der Seele an Kräften bleibt, die sie nicht den fünf Sinnen gibt, diese Kräfte gibt sie alle dem inneren Menschen. Und wenn der Mensch einen hohen und edlen Gegenstand hat, so zieht die Seele alle die Kräfte, die sie den fünf Sinnen geliehen hat, in sich, und ein solcher Mensch heißt dann verzückt. Es gibt aber auch so manche Menschen, die verzehren der Seele Kräfte allzumal für den äußeren Menschen. Das sind die Leute, die alle Sinne und Gedanken auf äußere und vergängliche Güter richten, die nichts vom inneren Menschen wissen. Wie nun ein guter Mensch etwa den äußeren Menschen aller Kräfte der Seele beraubt, wenn diese einen hohen Gegenstand in sich trägt, so berauben solche tierischen Leute den inneren Menschen aller Kräfte der Seele und verbrauchen sie für den äußeren Menschen. Nun sollst du auch wissen, daß der äußere Mensch gar wohl in Tätigkeit stehen kann, und dabei doch der innere frei und unbewegt zu sein vermag. Nun war auch in Christus ein auswendiger und ein inwendiger Mensch und auch in Unserer Frau. Und was Christus und Unsere Frau je von äußeren Dingen redeten, das taten sie durch den äußeren Menschen, und doch stand der innere Mensch in unbeweglicher Abgeschiedenheit.

Nimm dies zum Ebenbild: eine Tür geht in einer Angel auf und zu. Nun vergleiche ich das äußere Brett an der Tür dem äußeren Menschen und die Angel vergleiche ich dem inneren Menschen. Wenn nun die Tür auf- und zugeht, so bewegt sich das äußere Brett hin und her; und doch bleibt die Angel in steter Unbeweglichkeit und wird nicht im geringsten verändert. In gleicher Weise ist es auch hier.

Nun aber vermag Gott nicht in allen Herzen mit seinem ganzen Willen zu wirken. Denn obwohl er allmächtig ist, so kann er doch nur wirken, je nachdem er Bereitschaft oder Empfänglichkeit findet. In manchen Herzen ist nun dies oder das, und es kann etwas darin sein, in dem Gott nicht auf das Höchste zu wirken vermag. Denn wenn das Herz in Bereitschaft für das Höchste sein soll, dann muß alles das, was dies oder das geheißen ist, aus dem Herzen hinaus. Und so steht es um das abgeschiedene Herz. In dem vermag dann Gott auf das allerhöchste seinen lautersten Willen zu wirken.

Nun frage ich aber: Was ist des abgeschiedenen Herzens Gebet? Ich antworte: Abgeschiedenheit und Lauterkeit kann nicht bitten; denn wer bittet, der begehrt etwas. Nun begehrt aber das abgeschiedene Herz nach nichts und hat auch nichts, dessen es gern ledig wäre; darum so steht es ledig allen [Bitt-]Gebetes. Denn sein Gebet ist nichts anderes, als mit Gott einförmig zu sein. Und wenn die Seele dazu kommt, dann verliert sie ihren Namen und ziehet Gott in sich, daß sie in sich selber zunichte wird, so wie die Sonne das Morgenrot in sich zieht, daß es zunichte wird. Dazu aber bringt den Menschen nichts anderes als lautere Abgeschiedenheit. St. Augustinus sagt: »Die Seele hat einen himmlischen Eingang in die göttliche Natur, allda werden ihr alle Dinge zunichte.« Dieser Eingang ist hier auf Erden nur die lautere Abgeschiedenheit. Und wenn die Abgeschiedenheit auf das Höchste kommt, dann wird sie durch Erkennen frei aller Kenntnisse und durch Minne liebelos und durch Erleuchtung finster. Und so mögen wir es auch verstehen, wenn ein Meister sagt: »Selig sind die Armen des Geistes, die Gott alle Dinge so überlassen haben, wie er sie hatte, da wir noch nicht waren.« Das aber vermag nur ein abgeschiedenes Herz.

Nun merket alle ihr vernünftigen Leute: Es ist niemand höher gestimmt, als wer in der größten Abgeschiedenheit steht. Es kann keine leibliche oder fleischliche Lust geben ohne geistigen Schaden. Denn das Fleisch begehrt wider den Geist, und der Geist begehrt wider das Fleisch. Darum: wer im Fleisch verkehrte Liebe sät, der erntet den Tod; und wer im Geist die rechte Minne sät, der erntet vom Geiste das ewige Leben. Je mehr der Mensch die Geschöpfe flieht, um so mehr läuft ihm der Schöpfer zu. Darum ist Abgeschiedenheit das Allerbeste; denn sie reinigt die Seele, läutert das Gewissen, entzündet das Herz und erweckt den Geist und erkennt Gott und scheidet die Kreatur ab und vereint sie mit Gott; denn die von Gott abgelöste Liebe ist wie das Feuer im Wasser, und die mit ihm vereinigte Minne ist wie der Honig in der Wabe.

Nun merket auf, ihr vernünftigen Geister alle: Das schnellste Tier, das euch zur Vollkommenheit trägt, das ist das Leid; denn niemand genießt mehr ewige Seligkeit, als wer mit Christus in der tiefsten Bitternis steht. Es ist nichts Galligeres als Leiden und nichts honigsamer, als gelitten haben. Das sicherste Fundament, auf dem diese Vollkommenheit sich zu erheben vermag, das ist die Demut; denn wessen Natur hier in der tiefsten Niedrigkeit kriecht, dessen Geist fliegt auf zur höchsten Höhe der Gottheit. Denn Liebe bringt Leid. Und Leid bringt Liebe. Mannigfach ist das Gehabe der Menschen, einer lebt so, der andere so.

Wer aber in dieser Zeitlichkeit zum Höchsten kommen will, der nehme aus allen Schriften die kurze Lehre, die hier geschrieben steht: Halte dich abgeschieden von allen Menschen, halte dich unberührt von allen sinnehaften Bildern, befreie dich von allem, was Zufall, Verhaftetheit und Kummer zu bringen vermag, und richte dein Gemüt allezeit auf ein heiliges Schauen, in dem du Gott in deinem Herzen trägst zu ständigem Inbild und Gegenwurf, von dem deine Augen nimmer wanken. Und was andere Übungen angeht, es sei Fasten, Wachen, Beten, deren mögest du so viel pflegen, wie sie dich fördern können, daß du am Ende die Vollkommenheit gewinnest.

Nun könnte ein Mensch sagen: »Wer vermag in dem unverwandten Anblick des göttlichen Inbildes zu bestehen?« Darauf antworte ich: Niemand, der heute in dieser Zeit lebt. Einzig darum ist es dir gesagt, damit du weißt, was das Höchste ist und wonach du trachten und verlangen sollst. Wenn aber dieser Anblick des Höchsten dir entzogen wird, so soll dir, wenn du ein guter Mensch bist, so sein, als sei dir deine ewige Seligkeit genommen, und du sollst bald dazu zurückkehren, damit dir dieser Anblick wieder werde. Und du mußt allezeit auf dich achthaben und deinen Sinn und deine Zuflucht darauf richten, soweit es nur möglich ist.

Herr Gott, du seist gelobt ewiglich. Amen.

Vom tätigen und schauenden Leben

(Maria und Martha)

Intravit Jesus in quoddam Castellum ...
(Luk. 10,38)

St. Lukas schreibt im Evangelium, daß unser Herr Jesus Christus in ein Städtlein kam, allwo ihn eine Frau empfing, die hieß Martha. Die hatte eine Schwester, die Maria hieß. Die saß zu den Füßen unseres Herrn und hörte sein Wort. Aber Martha ging umher und diente unserem Herrn.

Drei Dinge zogen Maria, niederzusitzen zu den Füßen unseres Herrn. Das eine war: die Güte Gottes hatte ihre Seele ergriffen. Das andere war: großes, unaussprechliches Verlangen; sie begehrte, sie wußte nicht, wonach; sie wollte, sie wußte nicht, was. Das dritte war: süßer Trost und Entzükken, das sie aus dem ewigen Worte schöpfte, das da aus Christi Munde geheimnisvoll raunte.

Auch Martha zogen drei Dinge, die sie antrieben, umherzugehen und dem lieben Christ zu dienen. Das eine war ihre frauliche Reife und ihre wohlgeübte Gründlichkeit im Zunächstliegenden, davon sie vermeinte, daß niemandem die Arbeit so wohl gelingen könne als ihr. Das andere war das weise Verständnis, mit dem sie die äußere Arbeit dem, was die Minne gebot, wohl einzuordnen wußte. Das dritte aber war die große Würdigkeit des lieben Gastes.

Die Meister sagen, daß Gott einem jeden Menschen bereit sei, ihm genugzutun nach geistiger oder nach sinnlicher Art, je wie einer es begehrt. Ob uns Gott genugtue, sofern wir Vernunftwesen sind, oder uns genugtue als empfindenden Wesen, das hängt von den lieben Freunden Gottes selber ab.

Genüge fürs Gefühl geschieht uns darin, daß uns Gott Trost gibt, Entzücken und Gewährung, und uns hiermit verwöhnt. Dies alles aber geschieht den lieben Freunden Gottes nach ihrem inneren Empfinden. Vernunftgemäße Befriedigung aber geschieht aus dem Geiste. Und ich spreche da von vernünftigem Genügen, wo bei aller Entzückung doch der oberste Wipfel nicht herabgebeugt wird und nicht in der Verzückung ertrinkt, so gewaltig sie sich auch erhebe. Dann erst ist ein solcher Mensch in einem vernunftgemäßen Genügen, wenn Lieb' und Leid der Kreatur den obersten Wipfel nicht zu beugen vermag.

Nun spricht Martha: »Herr, heiße sie mir helfen.« Dies sprach Martha nicht gehässigerweise, sondern sie sagte es aus einer Minnegunst, von der sie bezwungen ward. Wir können auch wohl sagen, aus einem Minnescherzen.

Nun merket: Martha sah, daß Marias ganze Seele von Verzückung ergriffen war. Martha kannte Marien besser, als Maria Marthen, weil Martha lange und wohlgefällig gelebt hatte. Solch ein Leben verleiht mehr Erleuchtung als alles, was man sonst in dieser Körperlichkeit empfangen kann, ausgenommen Gott selbst.

St. Paulus schaute in seiner Verzückung Gott und sich selber in Gott. Dennoch war es ihm nicht gemäß, eine jegliche Tugend deutlich zu erkennen. Dies darum, daß er sich nicht in Werken geübt hatte. Die Meister aber gelangten durch Werke der Tugend zu so hohen Erkenntnissen, daß sie sich eine jegliche Tugend beispielsweise besser einbilden konnten als Paulus oder irgendein Heiliger in seiner ersten Verzücktheit.

Auf solcher Stufe der Meister stand Martha. Daher ihre Mahnung: »Herr, heiße sie mir helfen«; so, als spräche sie: »Meiner Schwester dünket, sie vermöge schon alles, was sie wolle, dieweil sie bei dir im Troste sitzt. Laß schauen, ob dem so sei, und heiße sie aufstehen und von dir gehen.« Maria aber war so voller Verlangen, daß sie sich sehnte, sie wußte nicht wonach, und wollte, sie wußte nicht was. Wir argwöhnen indessen, daß die liebe Maria mehr zu ihrer Freude dagesessen sei als um geistiger Förderung willen. Darum sprach Martha: »Herr, heiße sie aufstehen.« Denn sie fürchtete, daß Maria in dem Verlangen verbliebe und nicht weiter vorwärts käme.

Doch Christus antwortete ihr und sprach: »Martha, Martha, du bist sorgsam, du wirst von vielem betrübt. Eins ist not: Maria hat den besten Teil erwählt, der ihr nimmer genommen werden mag.« Das sagte Christus nicht strafenderweise zu Martha, sondern er antwortete ihr und gab ihr Trost, daß Maria das zuteil werden solle, was sie begehrte. Warum aber sprach Christus: »Martha, Martha«, und nannte sie zweimal? Ohne Zweifel hat Gott, da er Mensch ward, nie einen Menschen mit Namen genannt, der ihm verloren gewesen wäre. Die er nicht benannte, um die steht es zweifelhaft. Denn von Christo bei Namen genannt zu werden, das heiße ich sein ewiges Wissen darum, ob einer vor Erschaffung aller Kreaturen im Buche des Lebens stehe, im Buche des Vaters, des Sohnes und des Heiligen Geistes, unwandelbar und ewig.

Warum aber nannte Christus Marthas Namen zweimal? Er meinte, daß Martha alles zeitliche und alles ewige Gut, das die Kreatur besitzen soll, allzumal hätte. Mit dem ersten »Martha« bezeugte er ihr die Vollkommenheit ihres zeitlichen Wirkens. Mit dem anderen Male, daß er »Martha« sagte, bewies er ihr, daß nichts ihr ermangele an dem, was da zum ewigen Heile gehört. Darum sprach er: »Du bist sorgsam«, weil er damit meinte: »Du stehest mitten in den Dingen, aber dennoch stehen die Dinge nicht über dir.« Man muß sorgsam sein, sich unbehindert zu halten bei aller Tätigkeit. Und nur die sind unbehindert, die all ihr Tun nach dem Vorbilde des Ewigen Lichtes richten. Geschäftigkeit ist ein äußerliches Getue; aber Tätigkeit, das ist, was man mit Bescheidenheit von innen her ausübt [vgl. S. 35, Abs. 2]. Nur diese Menschen, die geziemenderweise so neben den Dingen stehen und nicht in ihnen, sind rechte Menschen. Sie stehen nahe zu dem ihrigen, sie verwalten das ihrige wohl recht, aber sie halten es nicht anders, als stünden sie dabei doch jederzeit am Rande der Ewigkeit. Denn alles Geschaffene ist nur ein Mittel.

Dies Mittel ist zwiefach. Das eine, ohne das ich nicht in Gott kommen kann, das ist Arbeit und Tätigkeit in der Zeit; und dies Tun beeinträchtigt nicht das ewige Heil. Das andere Mittel aber ist: des Tuns ledig sein. Denn darum sind wir hier in der Zeit, damit wir durch unser vernünftiges Tun Gott näherkommen und ihm immer mehr gleichen. Das meinte auch St. Paulus, wenn er sagte: »Befreiet euch von der Zeit, die Tage sind übel.« Die Zeit überwinden, das heißt, daß man ohne Unterlaß im Geiste eindringe in Gott. Und »die Tage sind übel«, das müßt ihr also verstehen: Der Tag weist hin auf die Nacht; denn gäbe es keine Nacht, so wäre auch nicht Tag, sondern alles wäre ein Licht. Und das meinte Paulus, daß ein lichtes Leben allzu geringe sei, in dem es noch Finsternis gibt, die einem hochgemuten Geist das ewige Heil zu bewölken und zu beschatten vermag. Das meinte auch Christus, als er sprach: »Wirket, solange ihr das Licht habt.« Denn wer da wirkt im Licht, der geht ledig aller Vermittelung zu Gott. Sein Licht ist Schaffen, und Schaffen ist sein Licht. Also stand es mit Martha. Darum sprach Christus zu ihr: »Eines ist not.« Not ist dieses, daß ich und du, umfangen vom Ewigen Licht, eins werden, obwohl wir zwei sind. Ein brennender Geist, der über allen Dingen steht und unter Gott im Umkreis der Ewigkeit, der ist dennoch geschieden und zwiespältig, weil er Gott nicht unmittelbar schaut. Sein Erkennen und das Urbild des Erkennens, die werden nimmer *eines*, er sähe denn Gott selber da, wo der Geist frei ist von allen Dingen. Getrenntes wird nur da geeint; Licht und Geist, diese zwei werden eines nur in der Umfangung des Ewigen Lichtes.

Nun merket, was das heißt: »im Umkreis der Ewigkeit«. Die Seele hat drei Wege zu Gott. Der eine ist: mit mannigfaltigem Tun, mit brennender Liebe Gott suchen in allem Geschaffenen. Das meinte König David, wenn er sprach: »In allen Dingen habe ich Ruhe gesucht.« Der andere Weg ist der: Erhaben über sich und alle Dinge sein, entrückt sein über alles Begreifen in des himmlischen Vaters Machtbereich. Der dritte Weg heißet Weg und ist doch ein Heimweg: es ist Gott schauen in seiner reinen Selbstheit ohne Mittelung. Christus spricht: »Ich bin Weg, Wahrheit und Leben.« Dreies und doch nur eines in Christo. Auf diesem Weg geleitet werden vom Licht seines Wortes, umfangen von der Minne, die beides, Licht und Wort, vereint, das geht über alles, was man in

Worten sagen kann. Wunder über Wunder: Außen stehen und innen begreifen und ergriffen werden; sehen und das Geschaute selber sein; halten und gehalten werden; das ist das Ende, da der Geist ruht in der Einigkeit der Ewigkeit.

Auf drei Punkte sollen wir bei unserem Tun achten: daß man ordentlich, vernünftig und bewußt arbeite. Nun nenne ich dies ein ordentliches Tun, daß man allerwärts das Nächstliegende tue. Vernünftiges Tun aber ist dies, daß man zur Zeit kein besseres Ding als eben dieses eine tun kann. Und bewußtes Wirken nenne ich das, wo man lebendige Wahrheit mit fröhlicher Gegenwärtigkeit in guten Werken verbindet. Wo diese drei Punkte beisammen sind, da bringen Werke uns ebenso nahe zu Gott und sind uns genauso förderlich wie alles verzückte Schwelgen Maria Magdalenens in der Wüste.

Nun sagt Christus zu Martha: »Du betrübst dich um das Viele, aber nicht um das Eine!« Das soll heißen: Wenn die Seele in lauterer Einfalt bei allem Tun gerichtet ist in ihrem Sinn auf den Umkreis der Ewigkeit, so wird sie doch betrübt, wenn Dinge geschehen, die sie von dort oben abziehen. Und solch ein Mensch steht dann gänzlich in Sorge und Betrübnis. Aber Martha stand in wohlbefestigter Tüchtigkeit und freien Gemütes, ungehindert von allen Dingen. Deswegen begehrte sie, daß ihre Schwester in den gleichen Stand gesetzt würde, als sie sah, daß sie noch nicht im Wesentlichen gefestigt war. Aus einem herrlichen Grunde wünschte sie, daß auch jene fest im ewigen Heil stehe. Darum spricht Christus: »Eines ist not.« Was aber ist dies?

Das Eine, das ist Gott. Dies Eine ist allen Kreaturen notwendig. Denn zöge Gott das Seine an sich, so würde alles Geschaffene zunichte. Martha fürchtete, daß ihre Schwester in Lust und Verzückung verhaftet bleibe. Und sie begehrte, sie möchte so sein, wie sie selber war. Darum sprach Christus so, als ob er sagte: »Gib dich nur zufrieden, Martha. Maria hat den besten Teil erwählt. Jenes Nächste, was den Kreaturen beschieden sein kann, das möge ihr immerhin abgehen. Ihr soll zuteil werden: sie soll heilig werden wie du.«

Vernehmet nun die Lehre von der Tugend. Zu einem tüchtigen Leben gehört dreierlei im Willen: Das erste ist, seinen Willen Gott hingeben; denn das muß sein, um das zu vollbringen, was man für recht erkennt. Das bestehe nun darin, etwas herzugeben oder etwas auf sich zu nehmen. Dieses ist ein sinnlicher Wille. Der andere ist ein geistiger, der dritte ein ewiger Wille. Der geistige Wille besteht darin, daß man den Werken Christi und der Heiligen nacheifere und Wort, Wandel und Tun dem Höchsten unterordne. Wo dies vollbracht wird, da senkt Gott in der Seele Grund ein anderes: das ist der dritte, der ewige Wille mit dem freudevollen Gebot des Heiligen Geistes. Dies spricht die Seele: »Herr, verkünde mir deinen ewigen Willen.« Wenn also die Seele dem ewigen Wort Genüge tut, dann mag es dem lieben Vater gefallen, sein ewiges Wort in die Seele zu sprechen.

Nun verlangen unsere guten Leute, man müsse dermaßen vollkommen werden, daß keinerlei Liebe uns mehr bewegen könne, und man unberührbar stehe von Liebe wie von Leid. Sie tun darin unrecht. Ich sage, daß nie ein Heiliger so groß war, daß er nicht hätte bewegt werden können. Auch widerspreche ich dem, daß einen Heiligen nichts mehr von Gott abwenden könne. Selbst Christus entging dem nicht. Das bewies er damit, daß er sprach: »Meine Seele ist betrübt bis in den Tod.« Christus taten Worte also wehe, daß – wäre das Leid aller Kreatur auf eine einzige Kreatur gefallen – dies Leid nicht so groß wäre, als Christi Leid war. Und das kam von seinem angeborenen Adel und der heiligen Vereinigung göttlicher und menschlicher Natur. Darum sage ich, *den* Heiligen hat es nimmer gegeben, dem Schmerz nicht wehe und Freude nicht wohlgetan hätte.

Es geschieht etwelchen wohl einmal aus Minne, etwa wenn ihnen jemand den Glauben abspräche, daß sie durch Gnade doch den Gleichmut behalten in Lieb' und in Leid. So mag es Heiligen zuteil werden, daß nichts sie von Gott abwendig zu machen vermag. Wird auch das Herz gepeinigt, als stünde solch ein Mensch nicht in der Gnade, so beharrt doch der

Wille einfältiglich in Gott, also sprechend: »Herr, ich dir und du mir.« Was ihn auch anfallen mag, es verhindert nichts sein ewiges Heil, dieweil es nicht den obersten Wipfel des Geistes trifft, dort, wo er im allerliebsten Willen und in der Einheit Gottes steht.

Nun sagt Christus: »Du sorgst und betrübst dich um das Viele«; denn Martha war so im Wesentlichen, daß alle Wirksamkeit sie nicht hinderte und daß alles Tun und alle Geschäftigkeit sie auf ihr ewiges Heil hinleitete. Maria mußte erst eine Martha werden, ehe sie wirklich eine Maria werden konnte. Denn da sie unserem Herrn zu Füßen saß, da war sie das noch nicht. Sie saß da noch um der Freude und Entzückung willen. Hingegen stand Martha so fest im Wesentlichen, daß sie sagen konnte: »Herr, heiße sie aufstehen«, so, als ob sie spräche: »Herr, ich wollte, sie säße nicht verzückt da, ich wollte, sie lernte leben, daß es ihr zum Wesensbesitz werde. Heiß sie aufstehen, damit sie vollkommen werde.«

Denn sie hieß noch nicht Maria, da sie zu Christi Füßen saß. Ich nenne das Maria: ein wohlgeübter Leib sein, gehorsam einer weisen Lehre. Und gehorsam sein nenne ich: mit Willen der inneren Mahnung genugtun. Maria, da sie zu unseres Herrn Füßen saß, da war sie eben erst zur Schule gekommen und lernte leben.

Hernach aber, da Christus gen Himmel fuhr und sie den Heiligen Geist empfing, da allererst begann sie zu dienen und fuhr übers Meer und lehrte und predigte und ward den Jüngern eine Helferin.

So werden die Heiligen erst dann zu Heiligen, wenn sie anfangen zu wirken durch ihre Tugenden, denn dann sammeln sie den Hort ewigen Heiles. Was sie dadurch gewirkt haben, das macht alle Schuld und alles Leid wett. Christus ist des ein Zeugnis. Vom Anbeginn, da Gott Mensch ward und dieser Mensch Gott, da fing er zu wirken an zu unserer Seligkeit, bis an das Ende, welches er starb am Kreuze.

Daß wir ihm im rechten Sinne nachfolgen in Betätigung echter Bewährung, dazu helfe uns Gott. Amen.

Von der wahren Armut

Beati pauperes spiritu, quia ipsorum est regnum coelorum. (Matth. 5,3)

Die Seligkeit tat ihren Mund der Weisheit auf und sprach: »Selig sind die Armen am Geiste. Ihrer ist das Himmelreich.«

Alle Engel und alle Heiligen und alles, was je geboren ward, das muß schweigen, wenn diese Ewige Wahrheit des Vaters spricht. Denn alle Weisheit der Engel und aller Kreaturen ist ein lauter Nichts vor der Weisheit Gottes, die abgründig ist. Diese Weisheit hat gesprochen, daß die Armen selig sind.

Nun gibt es zweierlei Armut. Die eine ist eine äußere Armut, und die ist gut und ist sehr zu loben bei dem Menschen, der sie mit Willen trägt, aus Liebe zu unserem Herrn Jesu Christ, der sie selbst auf Erden geübt hat. Von dieser Armut will ich nicht weiter sprechen. Aber es gibt noch eine andere Armut, eine inwendige Armut, von der dies Wort unseres Herrn zu verstehen ist, so er spricht: »Selig sind die Armen im Geist.«

Nun bitte ich euch, ihr möchtet so arm beschaffen sein, daß ihr diese Rede versteht, denn ich sage euch bei der Ewigen Wahrheit: wenn ihr dieser Wahrheit, von der wir jetzt reden, nicht gewachsen seid, so könnt ihr mich nicht begreifen.

Etliche Leute haben mich gefragt, was Armut sei. Hierauf wollen wir antworten. Bischof Albrecht spricht, der sei ein armer Mensch, der an allen Dingen, die Gott je schuf, kein Genüge habe. Und das ist wohl gesprochen. Aber wir sagen noch mehr und nehmen Armut in einem noch höheren Sinn: der ist ein armer Mensch, der nichts will und nichts weiß und nichts hat. Von diesen drei Punkten will ich reden.

Zum ersten heißt der ein armer Mensch, der nichts will. Diesen Sinn verstehen etliche Leute nicht recht. Das sind die Leute, die bei allem Bußwerk und äußerlichen Übungen doch an ihren Eigenschaften festhalten. Wie diese Leute angesehen sind, daß Gott erbarm! Und sie erkennen doch so wenig von der göttlichen Wahrheit. Diese Menschen heißen fromm nach dem äußeren Schein. Aber von innen sind sie Esel, denn sie erfassen den Unterschied der göttlichen Wahrheit nicht. Diese Menschen meinen, der sei ein armer Mensch, der nichts will, als den allerliebsten Willen Gottes zu erfüllen. Ein solcher Mensch hat aber nicht die Armut, von der wir reden wollen, denn er hat noch einen Willen, mit dem er dem Willen Gottes genugtun will. Und das ist nicht das Rechte. Denn wenn der Mensch wirklich arm sein will, so soll er seines geschaffenen Willens also ledig sein, wie er war, da er nicht war. Und ich sage euch bei der Ewigen Wahrheit: solange ihr diesen Willen habt, den Willen Gottes zu erfüllen, und etwa nach der Ewigkeit und nach Gott selbst begehrt, solange seid ihr nicht recht arm. Nur der ist ein armer Mensch, der nichts will, noch erkennt, noch begehrt.

Als ich in meiner ersten Ursache stand, da hatte ich keinen Gott; ich wollte nichts, ich begehrte nichts, denn ich war nur ein Sein und wollte kein ander Ding. Was ich wollte, das war ich; und was ich war, das wollte ich, und stand ledig Gottes und aller Dinge. Aber als ich herausging aus meinem freien Willen und mein geschaffenes Wesen empfing, da bekam ich auch einen Gott. Denn ehe die Kreaturen waren, war Gott nicht »Gott«: Er war das, was er war. Da die Kreaturen wurden und ihr geschaffenes Wesen anfingen, da war Gott nicht mehr allein in sich selber Gott, sondern er ward Gott in den Kreaturen. Demnach ist er ihnen Gott nach ihrer Kreatur und hat genauso viele Allmacht und Reichtum, als sie in ihrer geringen Kreatur zu fassen vermögen. Und wär es so, daß eine Fliege Vernunft hätte und wollte den ewigen Abgrund göttlicher Wahrheit, aus dem sie kam, mit Vernunft zu erfassen versuchen, so sagen wir: daß Gott [als Gottheit] mit all dem, was er »Gott« [als gedachter Gegenstand] ist, nicht möchte die Fliege erfüllen noch ihr genugtun.

Darum bitten wir, daß wir »Gottes« ledig werden und die Wahrheit so empfangen und ewiglich genießen, wie die obersten Engel und die Fliege und die Seele, wo sie noch in dem sind, in dem auch ich urständete und wollte, was ich war, und war, was ich wollte: So arm soll der Mensch in seinem Willen sein und also wenig wollen und begehren, wie er wollte und begehrte, als er noch nicht war.

Zum zweiten ist der ein armer Mensch, der nichts weiß. Wir haben manchmal gesagt, der Mensch solle so leben, als ob er nicht lebte, weder sich selber noch der Wahrheit, noch Gott. Aber jetzt sprechen wir es anders und meinen mehr und sagen, der Mensch, der die Armut haben möchte, der soll dessen inne sein, was er war, da er noch nicht lebte, weder sich selber noch der Wahrheit, noch Gott. Er soll so ledig allen Wissens sein, daß keinerlei Vorstellung Gottes in ihm lebendig ist. Denn da der Mensch in dem ewigen Urstand Gottes war, da lebte in ihm nichts anderes. Was da lebte, das war Gott [die Gottheit] selbst. Daher sagen wir, daß der Mensch also ledig sein soll seines eigenen Wissens, wie er war, da er noch nicht im Dasein war, und er lasse Gott wirken, was er wolle, und stehe also ledig, wie da er aus Gott kam.

Nun ist die Frage: Worin liegt am meisten Seligkeit? Etliche Meister haben gesagt: In der Minne. Andere: In der Erkenntnis und in der Minne. Wir aber sagen: Nicht in der Erkenntnis noch in der Minne. Sondern es ist in der Seele ein Etwas, aus dem fließt Erkenntnis und Minne; ein Etwas, das selber weder erkennt noch liebt, wie die Kräfte der Seele. Wer dies erkennt, der erkennt, woran die Seligkeit liegt. Dies Etwas hat kein Vorher und kein Hernach und wartet keines hinzukommenden Dinges, denn es vermag weder zu gewinnen noch zu verlieren. Darum ist es ihm auch benommen, in sich selbst zu wirken; mehr: es ist dies selber das Selbst, das sich selber genießt nach der Weise Gottes. Darum sage ich, daß der Mensch Gottes quitt und ledig stehen solle; daß er nicht wissen noch erkennen wolle, was Gott in ihm wirke. Und also soll der Mensch arm sein seines eigenen Wissens.

Zum dritten ist der ein armer Mensch, der nichts hat. Viele haben gesagt, das sei Vollkommenheit, daß man nichts von den äußeren Dingen dieser Erde habe, und das ist wohl wahr, wenn man es mit Willen tut. Aber in dem Sinne meine ich es nicht. Ich habe oft gesagt, der Mensch solle aller Dinge und Werke, sowohl innerlich wie äußerlich, also ledig sein, daß er eine Eigenstätte Gottes sein könne, worin Gott wirken könnte. Jetzt sagen wir es anders. Steht die Sache so, daß der Mensch aller Dinge ledig und aller Kreaturen und sein selber und Gottes ledig steht, und ist es noch also mit ihm bestellt, daß Gott in ihm eine Stätte zu wirken fände, so sagen wir: solange das im Menschen ist, ist der Mensch nicht arm in der tiefsten Armut; denn Gott ist mit seinen Werken nicht der Meinung, daß der Mensch in sich eine Eigenstätte habe, worin Gott wirken möge. Denn das erst ist Armut des Geistes, daß der Mensch Gottes und all seiner Werke so ledig stehe, daß Gott, wenn er in der Seele wirken wollte, er selber die Stätte sein müßte, darinnen er wirken will. Und das tut er gerne. Denn fände Gott den Menschen so arm, so erlangte der Mensch in dieser Armut das ewige Wesen, das er gewesen ist und das er jetzt ist und das er in Ewigkeit leben soll.

Darum bitte ich Gott, daß er mich Gottes quitt mache, denn das noch unwesende Sein ist noch ohne alle Unterschiedenheit. In der war ich, ehe ich mich selber wollte und mich selbst erkannte als erschaffenen Menschen. Und darum bin ich Ursache meiner selbst, nicht sowohl nach meinem Wesen, das zeitlich ist, als nach meinem Wesen, das ewig ist. Und darum bin ich ungeboren und nach der Weise meiner Geburt, die ewig ist, vermag ich nimmer zu sterben. Nach der Weise meiner ewigen Geburt bin ich ewiglich gewesen und bin und soll ewiglich bleiben. Was ich bin nach der Zeit, das soll sterben und zunichte werden, denn es gehört dem Tag. Darum muß es mit dem Tag verderben. In meiner ewigen Geburt wurden alle Dinge geboren und ich ward Ursache meiner selbst und aller Dinge; und hätte ich es da so gewollt, so wäre ich nicht, noch irgendein Ding. Wäre ich nicht, so wäre Gott nicht.

Dies zu erkennen ist nicht nötig. Ein großer Meister sagt, des Menschen ringender Hindurchbruch sei edler als sein quellender Ursprung. Als ich aus Gott entsprang, sagten alle Dinge: Gott ist. Nun kann mich das nicht selig machen; denn hier erkenne ich nur als Kreatur. Hingegen im Münden, wo ich ledig stehen will im Willen Gottes und ledig stehen des Willens Gottes und all seiner Werke und Gottes selber, da bin ich über allen Kreaturen und bin weder Gott noch Kreatur, sondern ich bin das, was ich war und was ich bleiben soll, jetzt und immerdar. Da empfange ich einen Ruck, der mich über alle Engel bringt. Da empfange ich so großen Reichtum, daß mir Gott nicht genug sein kann in alledem, was er Gott ist nach seinen geschaffenen Werken; denn ich empfange in diesem Durchbruch, daß Gott und ich Eins sind. Da bin ich wieder das, was ich war; und da nehme ich weder ab noch zu, denn da bin ich ein unbewegliches Urwesen, das alle Dinge bewegt.

Allhier findet Gott keine Stätte mehr im Menschen, aber der Mensch erlangt mit seiner Armut das, was er ewiglich gewesen ist und immer bleiben soll. Allhier ist Gott Eins im Geist, und das ist die unmittelbarste Armut, die man finden kann.

Wer diese Rede nicht versteht, der bekümmere sein Herz nicht damit. Denn solange der Mensch dieser Armut nicht gewachsen ist, solange wird er auch diese Rede nicht verstehen. Denn es ist eine Wahrheit, die nicht ausgedacht, sondern unmittelbar aus dem Herzen Gottes gekommen ist.

Daß wir so leben mögen, daß wir diese Wahrheit ewiglich empfinden, dazu helf' uns Gott. Amen.

Vom wahren Reichtum

Dilectus Deo et hominibus.
(Jes. Sir. 45,1)

»Er ward geliebt von Gott und den Menschen.« Er, dessen wir jetzt gedenken, ist gebenedeit und in Gott geheiligt in der Klarheit der Heiligen. Also liest man heute von meinem lieben Herrn St. Franziskus. Und gelobt wird er in zwei Dingen. Und wer diese zwei Dinge hat, der ist ein großer Mensch.

Das eine ist die wahre Armut. Von ihm steht zu lesen, daß Franziskus einstmals mit seinen Gesellen ging, und es begegnete ihm ein armer Mensch. Da sprach er zu seinen Begleitern: »Dieser Mensch hat uns in Schande gebracht, darum, daß er ärmer ist, denn wir.«

Ich habe euch schon oft gesagt: Wer da die Armut wirklich liebt, dem ist sie so notwendig, daß er es niemandem gönnt, weniger zu besitzen als er selber. Und also hält er es mit allen Dingen, es handle sich um Reinheit, um Gerechtigkeit oder welche Tugend auch immer, in jeder will er immerdar den höchsten Stand erreichen und vermag es nicht zu ertragen, daß ihm darin jemand über sei.

So minnte dieser Heilige also sehr die Armut, daß er es nicht ertragen konnte, jemanden zu sehen, der ärmer war denn er. Je ärmer nun ein Mensch im Geiste ist, das heißt, je abgeschiedener er ist, um so nichtiger sind ihm alle Dinge. Aber je ärmer er im Geiste ist, um so mehr sind ihm auch alle Dinge untertan.

Die andere Tugend, die den Menschen groß macht, das ist die wahre Demut. Die hatte dieser Heilige in vollkommenem Maße und dazu die Selbstlosigkeit und Selbstvernichtung, die dem Menschen die Möglichkeit gibt, alle Vollkommenheit zu empfangen.

»Er ward geliebt von Gott und den Menschen.« Ich will euch eine gute Kunde sagen. Wer sie versteht, der empfängt einen rechten Trost: Der Mensch, der Gott liebt, der wird so geliebt von allen Heiligen und von allen Engeln, daß alle Liebe, die man nur zu erdenken vermag, mit dieser Minne nicht zu vergleichen und ein Nichts gegen sie ist.

Ihr könntet nun sagen, böse Menschen hätten es ja auch sehr gut, weil sie ihren Eigenwillen an anderen durchsetzen. Salomon spricht: »Der Böse soll nicht sagen: ›Was schadet es mir, so ich Übles tue, da es doch mich nicht schmerzt oder mir darob doch nichts geschieht?‹« Aber das, was du Böses tust, das tust du dir selbst zum Schaden, und es wird dir wehe genug tun. Sei dessen bei der Ewigen Wahrheit gewiß: wenn der Zorn Gottes auch noch so groß wäre und er dem Sünder alles Leid der Welt zufügte, so könnte doch Gott den Sünder nicht mehr schlagen, als er schon dadurch geschlagen ist, daß er sündigt.

Nun könntet ihr fragen: Wie gelange ich dazu, daß ich durch Gott die ganze Welt verschmähe? König David sagt: »Tochter, vergiß deines Volkes und des Hauses deines Vaters, so wird der König deiner begehren in deiner Schöne.« Das ist, als ob er spräche: der König wird von großer Minne zu dir ergriffen werden.

Warum ist mir mein Vater lieber als ein anderer Mann? Deswegen, weil er mein Vater ist und mir zu eigen. Aber des Meinen soll ich vergessen in allem und mich aller Dinge entledigen. Dies wäre der Weg. Denn vergissest du des Deinen, so gewinnst du wahre Tugend. Diese Tugend macht den Menschen frei von allen vergänglichen Dingen und benimmt sie ihm allzumal. Aber sie benimmt sie ihm nicht nur, sie läßt ihn ihrer also sehr vergessen, als ob sie gar nicht da seien; denn das gehört dazu. Und wenn wir hierzu gelangen, so wird der König begehren unsrer Schöne.

Wann ist Gott dein? Dann, wenn dich nach nichts anderem mehr gelüstet. Liebst du einen Menschen mehr denn den anderen, es sei denn, daß du ihn in seinen Tugenden liebst, so bleibst du du selber und da ist Gott dein Gott nicht. Wer Gott von Herzen minnt, der liebt einen jeden seiner Ebenmenschen wie sich selber.

Warum ist es mir lieber, daß meinem Bruder oder mir selber Gutes geschehe, als einem anderen? Darum, daß ich das Meine mehr liebe denn das eines anderen. Liebe ich aber meinen Ebenmenschen wie mich selbst, so wie das Gebot Gottes lautet, daß ich ihn lieben soll von ganzem Herzen und ganzer Seele, so ist seine Freude gleich der meinen, und seine Minne ist die meine. Das aber kann nicht in leiblichen Dingen sein, darinnen sind sie von den geistigen unterschieden. Ja, in nichts sind diese beiden gleich.

Nehmt ein Gleichnis: Das Wasser, das in einem Fasse ist, das ist nicht in dem Holz des Fasses; das Holz umschließt nur das Wasser; es ist keines in dem andern, und das Wasser im Fasse ist abgesondert von allem anderen Wasser. Aber in geistigen Dingen findet kein Ausscheiden des einen vom andern statt. Alles, was der oberste Engel in sich hat, das hat auch der, der unter ihm ist, in sich. Der oberste Engel hat weder Wesen noch Seligkeit in sich, die nicht auch in dem niedersten wäre. Also ist es in geistigen Dingen: was dem einen zuteil wird, das hat er auch mit dem andern gemeinsam. Darum also, wer am allermeisten der Dinge zu entraten vermag, wer sie am meisten lassen kann, der vermag auch am meisten zu lieben. Lassen aber die Menschen nicht sich selbst und auch das Ihre nicht, so haben sie nichts gelassen; so wie ich von St. Peter berichte, da er sprach: »ecce, nos reliquimus omnia: sieh, Herr, wir haben alle Dinge gelassen, was wird uns dafür?« Der aber darauf schaut, was ihm zuteil wird, wie mag der alle Dinge gelassen haben?

Und nun noch ein Wort und dann keines mehr: Je allgemeinsamer ein Ding ist, je edler und wertvoller ist es. Ich habe das Leben gemeinsam mit allem, was da lebt. So auch die Sinne mit den Tieren. Aber ich ließe mir eher meine Sinne nehmen denn mein Leben. Das Allerliebste aber ist mir das wesende Sein, denn es ist das, was am allgemeinsamsten ist und am allerinwendigsten; und ich ließe alles eher denn dieses. Denn das Leben fließt aus dem Wesen der Gottheit, und darum dünkt es mich das Allerbeste, es wird von allen Kreaturen am meisten geliebt. Je allgemeinsamer unser Sein ist, je besser und edler ist es.

Daß wir hierzu gelangen, daß wir Gott gefällig werden und in wahrer Armut uns der Welt begeben und des Hauses unseres Vaters vergessen, unseren Nächsten aber wie uns selber lieben, damit uns die Klarheit der Heiligen gegeben werde, dazu verhelf' uns Gott. Amen.

Von unsagbaren Dingen

Nolite timere eos, qui corpus occidunt.
(Matth. 10,28)

Fürchtet nicht, die euch den Leib töten wollen, denn die Seele vermögen sie nicht zu töten. Geist tötet den Geist nicht, Geist gibt dem Geiste Leben. Die euch töten wollen, das ist Blut und Fleisch und das stirbt miteinander.

Das Edelste, was am Menschen ist, das ist das Blut, wenn es guten Willens ist. Aber das Ärgste, was am Menschen ist, das ist das Blut, wenn es bösen Willens ist. Siegt das Blut über das Fleisch, dann ist der Mensch demütig, geduldig und keusch und hat alle Tugend in sich. Siegt aber das Fleisch über das Blut, dann wird der Mensch hoffärtig, zornig und unkeusch und hat alle Untugend in sich.

Merket auf: Da Gott Himmel und Erde schuf und alle Kreaturen, da wirkte Gott nicht; er hatte nichts zu wirken, und auch in ihm war noch kein Werk. Dann sprach Gott: wir machen einen uns Gleichen. Schöpfen ist ein leichtes Ding, das tut man, wann und wie man will. Aber was ich jetzt mache, das mache ich aus mir selber und in mir selbst und drücke mein Bild ganz und gar hinein.

Darum, als Gott den Menschen machte, da wirkte er in der Seele sein ihm ebenbürtiges Werk: sein Ebenbild, sein wirkendes und sein immerwährendes Werk, die Seele. Die ist das Werk Gottes. Gottes Natur, sein Wesen und seine Gottheit hängt daran, daß er in der Seele wirken muß. Gesegnet, gesegnet sei Gott! Weil nun Gott in der Seele wirkt, darum minnt er sein Werk. In mir selbst ist also Gottes Minne und seine Natur, sein Wesen und seine Gottheit. Mit der Minne, mit der Gott minnt, liebt er auch alle Kreaturen; nicht als Kreaturen liebt er sie, sondern die Kreaturen als Gott. In der Minne, in der Gott wirkend minnt, darinnen sind auch alle Dinge, ist die ganze Welt geliebt.

Gott genießt sich selber in allen Dingen. Seine Sonne wirft ihren lichten Schein auf alle Kreaturen, und worauf diese Sonne ihren Schein wirft, das zieht sie in sich und verliert doch nicht ihre Leuchtkraft. Alle Kreaturen haben Leben und Wesen aus ihr. So zieht meine Vernunft alle Kreaturen in sich, damit sie in mir vernünftig seien, und so trage ich alle Kreaturen wieder zurück zu Gott. Achtet darum auf das, was ihr tut! Ich bitte euch darum bei der Ewigen Wahrheit und bei meiner Seele.

Noch etwas will ich sagen, was ich noch nie gesagt habe: Ich behaupte, der innere und der äußere Mensch sind voneinander so verschieden, wie Himmel und Erde voneinander entfernt sind. Betrachte ich die Lilien auf dem Felde, dann sehe ich wohl ihren Schein und ihre Farbe und ihre Blätter; aber ihren Duft sehe ich nicht. Warum? Weil der Duft in mir ist. Was mich ansprechend dünkt, das ist in mir, und ich spreche es aus mir heraus. So auch schmecken alle Kreaturen meinen äußeren Menschen als Kreatur, wie Wein und Brot und Fleisch. Aber meinem inneren Menschen schmeckt nicht die Kreatur als solche, sondern allein die Kreatur, sofern sie Gottes Selbsthergabe ist.

Ich nehme ein Becken mit Wasser und lege einen Spiegel hinein und setze es unter das Rad der Sonne. Dann wirft die Sonne ihren lichten Schein aus dem Spiegel am Boden des

Beckens und vergeht doch nicht. Das Widerspiegeln des Spiegels in der Sonne kommt aus der Sonne, ist Sonne, und der Spiegel ist doch, was er ist. So auch ist es mit Gott. Gott ist mit seiner Natur, seinem Wesen und seiner Gottheit in meiner Seele, und doch ist nicht er die Seele. Das Widerspiegeln meiner Seele aber ist Gott und bleibt doch, was sie ist. Gott »wird«, da alle Kreaturen »Gott« aussprechen. Da wird Gott. Als ich noch im Grunde, im Boden und im Ursprung der Gottheit stand, da fragte mich niemand, wohin ich wolle oder was ich tue. Erst als ich ausfloß, da sprachen alle Kreaturen »Gott«. Fragte man mich etwa: Bruder Eckehart, wann gingt Ihr aus dem Hause? Das beweist dann doch, daß ich zuvor darinnen war. Gerade so sprechen alle Kreaturen von Gott. Wenn ich nun wieder zu Gott heimkomme, dann mache ich mir kein Bild mehr von Gott, ich bin dann in Gott. Darum ist mein Durchbruch und Münden viel herrlicher und edler als mein Ausfließen. Ich allein bringe alle Kreaturen aus ihrer Vernunft [Verstehbarkeit] in meine Vernunft [Verstehen], daß sie in mir *Eins* seien. Wenn ich nun wieder in den Grund, in den Boden und in den Urquell der Gottheit komme, so fragt mich niemand, von wannen ich komme, oder wo ich gewesen bin. Da hat mich niemand vermißt; da hört dann dies alles auf.

Wer diese Predigt verstanden hat, dem gönn ich es wohl. Wäre niemand hier gewesen, so hätt' ich es diesem Opferstock predigen müssen. Es mag nun etliche Leute geben, die kommen wieder heim und sprechen dann: Ich will mein Brot in Ruhe essen und im übrigen Gott dienen. Ich sage aber in Wahrheit: Diese Leute werden verirrt bleiben müssen und können das nimmer erringen noch erlangen, was jene erreichen, die da Gott nachgehen durch Armsein und durch Verfremdung hindurch. Amen.

Vom Tod

In occisione gladii mortui sunt.
(Hebr. 11,37)

Man liest von den Märtyrern, daß sie tot sind, umgebracht durch das Schwert. Unser Herr sprach zu seinen Jüngern: »Selig seid ihr, so ihr leidet um meines Namens willen.«

Hier sollen wir drei Dinge merken. Das erste Ding ist: daß diese Märtyrer tot sind. Was man leidet in dieser Welt, das endet. Zum anderen sollen wir bedenken: daß all dies Leben tödlich ist. Darum sollen wir alle Pein und alle Mühsalen, die uns zuteil werden, nicht fürchten, denn es nimmt ein Ende. Das dritte ist: daß wir uns verhalten sollen, als ob wir tot seien, so daß uns nichts mehr trüben könne, weder Lieb' noch Leid.

Ein Meister sagt: »Den Himmel vermag nichts zu berühren.« Das will sagen, daß derjenige Mensch ein himmlischer Mensch ist, dem alle Dinge nicht so viel sind, daß sie ihn berühren mögen. Ein anderer Meister spricht: »Da doch alle Kreaturen so erbärmlich sind, woher kommt es denn, daß sie den Menschen so leicht von Gott abwenden? Die Seele ist doch in ihrem Erbärmlichsten besser als der Himmel und alle Kreaturen.« Darauf antwortete ein Meister: »Das kommt daher, daß der Mensch Gott nicht so achtet, wie er sollte. Achtete er Gott so, wie er sollte, es wäre unmöglich, daß er immer wieder von ihm abfiele.« Also ist es uns eine gute Lehre, daß der Mensch sich in dieser Welt so verhalten solle, als ob er tot sei.

Noch eine vierte Lehre wird uns zuteil, und diese vierte Lehre ist die allerbeste. Die sagt, daß die Märtyrer tot sind. Der Tod gibt ihnen ein Wesen. Ein Meister sagt: »Die Natur zerbricht nie, sie gäbe denn ein Besseres dagegen.« Wenn das die Natur tut, wieviel mehr tut es Gott. Der zerbricht niemals, daß er nicht ein Besseres gäbe. Die Märtyrer sind tot. Sie haben ein natürliches Leben verloren und haben dafür jenes Wesen gewonnen. Ein Meister sagt, daß Gott nichts so gleich komme, als »Wesen«: soviel Wesentlichkeit einer habe, soviel sei er Gott ähnlich. Denn alles, was Gott ist, das ist Wesen. Gott kennt nichts als einzig und allein Wirken; er weiß nichts denn Wesenhaftigkeit. Gott minnet nichts denn sein Wesen. Er denkt nichts denn sein Wirken. Alles, was mangelhaft ist, das ist Abfall vom Wesen. All unser Leben sollte wesentlich sein. Soweit unser Leben wesentlich ist, insoweit ist es in Gott. Ich bin gewiß, würde eine Seele auch nur das Geringste dessen, was Wesen ist, erkennen, sie kehrte sich nie mehr auch nur einen Augenblick davon ab. Denn das Geringste, das man in Gott erkennt, etwa so, wie wenn einer an einer Blume erkennen würde, wie sie in Gott ihr Wesen hat, das wäre dann edler als die ganze übrige Welt: das Geringste aus dem Wesen Gottes zu erkennen, das ist besser als einen Engel erkennen. Wir preisen das Sterben in Gott, auf daß es uns versenke in das Wesen, das besser ist als dies Leben: das Wesen, in dem unser Leben lebt, wo unser Leben Wesen wird. Der Mensch soll sich willentlich in den Tod ergeben und sterben, auf daß ihm ein besseres Leben werde. Das muß ein gar kräftiges Leben sein, in dem sogar der Tod ein Leben wird. Gott, dem stirbt nichts, alle Dinge werden in ihm lebendig.

Sie sind tot, sagt die Schrift von den Märtyrern, und sind versenkt in ein ewiges Leben. Man soll im Grunde tot sein, daß uns weder berühre Lieb' noch Leid. Was uns daran hindert, daß wir nicht stetig innen im Wesen sind, das beweist ein Meister, wenn er sagt, es komme davon, daß uns Zeit anrührt. Was Zeit anrühret, das ist zeitlich und stirbt. Des Himmels Lauf aber ist ewig, er weiß nichts von Zeit. Der Seele Lauterkeit hängt davon ab, daß sie geläutert werde von einem Leben, das zerteilt ist, und eintrete in ein Leben, das in der Einung ist. Wenn die Seele eintritt in das Licht der Vernunft, dann weiß sie keine Widersprüche mehr. Was diesem Lichte entfällt, das verfällt dem Tode und stirbt.

Wir bitten Gott, daß er uns verhelfe aus einem zerteilten Leben in ein Leben, das eines ist. Amen.

Ich und der Vater sind eins

Ave, gratia plena, dominus tecum.
(Luk. 1,28)

[...]

Eine Frau sprach zu Christus: »Selig ist der Leib, der dich trug.« Da sprach Christus: »Nicht allein der Leib ist selig, der mich trug. Selig sind die, die das Wort Gottes hören und behalten.«

Es ist Gott mehr daran gelegen, daß er geistlich geboren werde von einer jeglichen Jungfrau oder guten Seele, denn daß er leiblich geboren ward von Maria.

Hierzu ist zu verstehen, daß ein jeder Mensch ein einiger Sohn ist, den der Vater ewiglich geboren hat. Da der Vater alle Kreaturen erschuf, da gebar er mich, und ich ging aus ihm hervor mit allen Kreaturen und bleibe doch in ihm, im Vater. So entspringt in gleicher Weise aus mir das Wort, das ich nun spreche; so zum andern Male ruhe ich auf dem Inbilde; und zum dritten Male spreche ich das Wort, und ihr empfangt es alle; und doch bleibt es in mir. Also bin auch ich im Vater geblieben. Im Vater sind die Bilder aller Kreaturen. Das höchste Gut, das Gott dem Menschen je antat, war dies, daß er Mensch ward.

Hierzu muß ich eine Geschichte erzählen, die wohl hierher gehört: Es war einmal ein reicher Mann und eine reiche Frau. Da geschah der Frau das Unglück, daß sie ein Auge verlor. Darüber ward sie sehr betrübt. Da kam der Herr zu ihr und sprach: »Frau, warum seid Ihr so betrübt? Ihr solltet darüber nicht betrübt sein, daß Ihr ein Auge verloren habt.« Da sprach sie: »Ich bin nicht darum betrübt, weil ich mein Auge verloren habe; ich bin darum betrübt, weil mich dünkt, Ihr müßtet mich nun weniger liebhaben.« Da sprach er: »Frau, ich habe Euch lieb.« Nicht lange hernach stach er sich selbst ein Auge aus und kam zu der Frau und sprach: »Frau, damit Ihr nun glaubt, daß ich Euch liebhabe, habe ich mich Euch gleich gemacht, ich habe jetzt auch nur noch ein Auge.«

So auch ist der Mensch: er konnte es nicht glauben, daß Gott ihn so lieb hatte, bis daß Gott sich endlich selber ein Auge ausstach und menschliche Natur annahm.

Unsere Frau sprach: »Wie soll das geschehen?« Da antwortete der Engel und sprach: »Der Heilige Geist wird von oben herniederkommen in dich von dem Vater des ewigen Lichtes.« In principio: Ein Kind ist uns geboren, ein Sohn ist uns gegeben, ein Kind in der Geringheit menschlicher Natur, ein Sohn nach der ewigen Gottheit. Ein Meister sagt: »Gott hat die Seele geschaffen nach seiner höchsten Vollkommenheit und hat in sie gegossen all seine Klarheit und Lauterkeit.«

Nun merke! Als Gott alle Kreaturen schuf, sollte er da nicht zuvor etwas geschaffen haben, das in sich Bilder aller Kreaturen trug? Das ist der Funke, der ist Gott so nahe, daß er ein einzig Ungeschiedenes, Eines mit ihm ist und das Bild aller Kreaturen sonder Bild und über alles Bild in sich trägt.

Hier in der verborgenen Erkenntnis des ewigen Vaters habe ich ewig geruht, innenbleibend, ungesprochen. Aus dieser Lauterkeit hat er mich ewiglich geboren als seinen eingeborenen Sohn in das Bild seiner ewigen Vaterschaft, daß ich Vater sei und ihn gebäre, von dem ich geboren bin.

Ich dachte einmal vor Jahren: Wenn ich gefragt würde, wieso eine jede Grasspinne der anderen so ungleich sei (und ich wurde wirklich danach gefragt), so würde ich antworten: »Daß alle Grasspinnen so gleich sind, das ist noch wunderbarer.« Ein Meister sagte: »Daß alle Grasspinnen so ungleich sind, das kommt von der Überfülle der göttlichen Güte, die er verschwenderisch über alle Kreaturen ausgießt, auf daß seine Herrlichkeit desto offenbarer werde!« Da sprach ich: »Es ist viel wunderbarer, daß alle Grasspinnen so gleich sind. So wie alle Engel in der lauteren Erstheit all-eins sind, so sind auch alle Grasspinnen in der ursprünglichen Lauterkeit all-eins. Und so all-eins sind alle Dinge.«

Ich überlegte unterwegs, als ich hierhergehen mußte, ich wollte nicht herkommen, ich würde denn naß von Minne.

Der Mensch soll Gott nicht fürchten. Es gibt eine Furcht, die schädlich ist. Nur das ist die rechte Furcht, die da fürchtet, Gott zu verlieren. Der Mensch soll Gott minnen; denn Gott minnt den Menschen aus seiner höchsten Vollkommenheit. Die Meister sagen: Alle Dinge wirken darauf hin, daß sie, dem Vater gleichend, gebären wollen. So kann die Erde dem Himmel nicht entfliehen, sie fliehe auf oder nieder, der Himmel fließt in sie und drückt seine Macht in sie und macht sie fruchtbar, es sei ihr lieb oder leid.

So auch tut Gott dem Menschen. Der, so Gott zu entfliehen wähnt, der läuft ihm in den Schoß, denn ihm sind alle Winkel offen. Gott gebiert seinen Sohn in dir, es sei dir lieb oder leid. Du schlafest oder wachest: Gott tut das Seine. Daß der Mensch das nicht empfindet, das liegt daran, daß seine Zunge mit dem Unflat der Kreatur bedeckt ist und daß er das Salz der göttlichen Minne nicht hat. Hätten wir in uns die göttliche Minne, so schmeckten wir Gott und all seine Werke, die er je wirkte, und wir empfingen alle Dinge von Gott und wirkten all dieselben Werke, die Gott je wirkte. In dieser Gleichheit sind wir alle der einige Sohn.

Gott schuf die Seele nach seiner höchsten Vollkommenheit, auf daß in ihr die Geburt seines eingeborenen Sohnes sein sollte. Darum wollte er herausgehen aus seiner heimlichen Schatzkammer der ewigen Vaterschaft. Also hat der Sohn das Zelt seiner ewigen Glorie auseinandergeschlagen und ist herausgekommen aus dem Allerhöchsten, daß er seine Freundin hole, die ihm der Vater auf ewiglich vermählt hat, damit er sie wiederbringe in das Allerhöchste, aus dem sie gekommen ist. Darum ging er hinaus und sprang herzu wie ein Jüngling und litt Leid aus Minne. Doch nicht also ging er hinaus, daß er nicht hätte wieder hineingehen mögen in die stille Finsternis der verborgenen Vaterschaft. Sondern da er ausging, aus dem Allerhöchsten, da wollte er hineingehen mit seiner Braut und wollte ihr die verborgene Heimlichkeit seiner verborgenen Gottheit offenbaren, in der er mit dem Vater selber und mit allen Kreaturen ruht.

»In principio« heißt: am Anfang alles Wesens. Es gibt auch ein Ende alles Wesens; denn der erste Beginn ist nur durch den Willen des letzten Endes. Ja, Gott selbst ruht nicht da, wo er der erste Beginn ist, sondern er ruht da, wo er ein Ende und ein Rasten allen Wesens ist; nicht, daß dann dieses Wesen zunichte würde, sondern es wird da zu seiner höchsten Vollkommenheit gebracht. Was ist aber das letzte Ende? Es ist die Verborgenheit in der Finsternis der ewigen Gottheit und ist unerkannt und ward nie erkannt und wird niemals erkannt werden. Gott bleibt darinnen sich selber unbekannt. Das Licht des ewigen Vaters aber hat ewiglich darin geschienen, und die Finsternisse haben es nicht begriffen.

Daß wir zu der Wahrheit kommen, dazu verhelfe uns die Wahrheit, von der wir gesprochen haben. Amen.

Von den Händlern im Tempel der Seele

Intravit Jesus in templum Dei et ejiciebat omnes vendentes et ementes. (Matth. 21,12)

Unser Herr ging in den Tempel und trieb hinaus die da kauften und verkauften und sprach zu den Taubenkrämern: »Tut das hinweg!« Er meinte damit, daß er den Tempel rein haben wollte, recht als ob er spräche: »Ich habe ein Recht auf diesen Tempel und will allein Herrschaft darin haben.« Der Tempel, darin Gott volle Gewalt zu herrschen haben will, das ist des Menschen Seele, die er sich selber gleich geschaffen hat. Darum will Gott diesen Tempel rein haben, daß auch nicht das mindeste mehr darin sei, als nur er allein.

Nun merket auf. Wer waren die Leute, die da kauften und verkauften? Und wer sind sie noch? – Ich will jetzt nur von guten Leuten reden als von Kaufleuten, die unser Herr hinaus schlug. Das tut er noch heute allen denen, die da kaufen und verkaufen in diesem Tempel. Sehet: Kaufleute sind da alle, die sich vor groben Sünden hüten und gern gute Leute wären mit

Fasten, Wachen, Beten und allerhand guten Werken. Und tun es doch nur darum, daß ihnen unser Herr etwas dafür gebe oder daß Gott ihnen dafür etwas tue. Diese alle sind Kaufleute! Sie wollen Handel treiben mit Gott und werden mit solchem Kauf betrogen. Denn wenn sie selbst ihren ganzen Besitz hingeben würden um Gotteswillen, so wäre ihnen Gott doch nichts schuldig zu geben oder zu tun, er täte es denn gerne umsonst. Alles, was sie sind und haben, sind und haben sie ja von Gott und nicht von sich selber. Sie geben nicht von dem Ihren, wirken auch nichts aus sich selber.

Das sind überaus törichte Leute, die so Handel treiben wollen mit unserem Herrn. Sie erkennen die Wahrheit mitnichten. Darum schlug er sie aus dem Tempel. Gott ist Wahrheit und Licht in sich selbst. Wenn er in seinen Tempel kommt, so treibt er aus das Nichterkennen und die Finsternis und offenbart sich mit Licht und Wahrheit. Wenn aber die Wahrheit erkannt wird, dann sind die Kaufleute ausgetrieben. Denn Wahrheit begehrt keine Handelschaft. Gott sucht nicht das Seine. Er wirkt seine Werke aus rechter Minne. So auch der Mensch, der mit Gott vereint ist. Auch er steht ledig und frei in allen seinen Werken und wirkt sie aus der Minne, ohne Warum und sucht das Seine nicht. Alles wirkt ja Gott in ihm.

Ich sage weiter: Solange der Mensch mit seinen Werken irgend etwas begehrt von dem, was Gott geben kann oder wird, solang ist er noch solchen Handelsleuten gleich. Willst du der Händlerschaft ledig sein, so mußt du ebenso ledig stehen, wie da du noch nicht warst. Handelst du so, daß du gar nichts begehrst, dann sind deine Werke geistlich und göttlich. So ist dann der Tempel befreit von allen Kaufleuten.

Weiter: Zu den Leuten, die Tauben feil hatten, sprach unser Herr: »Tut das hinweg!« Diese Leute trieb er nicht mit Schelten aus, sondern er sagte es im guten: »Tut das hinweg«, als wolle er sagen: »Das ist zwar nicht böse, doch trübt es die Wahrheit.« Solche Leute sind gute Menschen, die ihre Werke lauter für Gott tun, dennoch ihr Tun mit Zeit und Zahl, mit

Vor und Nach verquicken. So werden sie gehindert am Durchbruch zur besten Wahrheit: Daß sie frei und ledig stehen sollten, wie Christus, ohne Vor und Nach; unbehindert von allen Werken, allen Bildern; frei in diesem Nu; immer neu empfangend göttliche Gaben und sie ungehindert wieder zurückgebärend in ebendemselben Licht. So wären dann die Tauben hinweg: die Hinderung und das Eigene in guten Werken, mit denen der Mensch aber doch noch das Seine sucht.

Wenn nun dieser Tempel solcherweise befreit wird von allen Hindernissen, dann leuchtet er so lauter über und durch alles hin, was Gott geschaffen hat, daß niemand ihm im Gegenglanz begegnen kann als nur der ungeschaffene Gott selbst. In vollem Ernst: Diesem Tempel ist gar niemand gleich, denn der ungeschaffene Gott allein. Sogar die höchsten Engel gleichen diesem Tempel nur in manchem, nicht in allem. Daß sie der edlen Seele in etwas gleichen, das gilt für Erkenntnis und Minne.

Jesus war hineingegangen in den Tempel und trieb hinaus, die da kauften und verkauften. Seht, nun war niemand mehr im Tempel der Seele als Jesus allein. Will aber jemand anders reden in diesem Tempel, so schweigt Jesus. Er ist nicht mehr daheim in einer solchen Seele, weil sie fremde Gäste hat, mit denen sie reden will. Die Seele muß schweigen, wenn sie Jesus reden hören will. Was spricht nun Jesus in der Seele? Er spricht, was er ist. Er ist ein Wort des Vaters. In diesem Wort spricht der Vater sich selber und alle göttliche Natur. So offenbart er sich selber und alles, was der Vater in ihm gesprochen hat. Er offenbart die väterliche Herrlichkeit in gleich unermeßlicher Gewalt. Wenn der Geist diese Gewalt empfängt durch den Sohn, so schreitet er unablässig fort, also, daß er gleich mächtig wird in aller Tugend und in vollkommener Lauterkeit. Nicht Liebe noch Leid, noch alles, was Gott an Zeitlichem geschaffen hat, kann den Menschen dann noch verwirren, sondern er bleibt und steht in jener Gewalt als in einer göttlichen Kraft, der gegenüber alle Dinge klein sind und nichts vermögen.

Sodann offenbart sich Jesus in der Seele als Weisheit. Wenn diese Weisheit sich mit der Seele vereinigt, so ist ihr aller Zweifel, Irrung und Finsternis genommen und sie ist versetzt in ein lauteres klares Licht, das Gott selber ist. Da wird Gott durch Gott erkannt in der Seele. Und so erkennt sie mit dieser Weisheit sich selber und alle Dinge. Mit eben dieser Weisheit erkennt die Seele auch die väterliche Herrlichkeit in ihrer zeugenden Urkraft und das ursprüngliche Sein in seiner einfaltigen Einheit, in der es keinen Unterschied gibt.

Jesus offenbart sich endlich auch mit der unermeßlichen und süßen Überfülle, die der Kraft des heiligen Geistes entquillt und einfließt in alle empfänglichen Herzen. Wenn Jesus sich in solcher süßen Fülle offenbart und mit der Seele vereint, so fließt die Seele mit Hilfe der Gnade über die ganze Welt und dann mit Macht wieder zurück in ihren ersten Ursprung. Dann ist der äußere Mensch dem inneren gehorsam und ist im steten Frieden allezeit in Gottes Dienst.

Daß Jesus auch in uns komme und austreibe alle Hindernisse der Seele, daß wir eins mit ihm werden hier auf Erden wie im Reich der Himmel, dazu helfe uns Gott! Amen.

Von Gott und Mensch

Praedica verbum.
(2. Tim. 4,2)

Ein Wörtlein liest man von meinem Herrn St. Dominicus, das auch St. Paulus schreibt, und das heißt auf deutsch: »Sprich es heraus, sprich es hervor, bring es hervor und gebier das Wort.«

Es ist wundersam bewandt, daß ein Ding ausfließt und doch innen bleibt. Daß Gott gegeben hat und daß Gott gelobt hat, zu geben, das ist gar wunderbar und ist unbegreiflich und unglaublich. Und das ist recht so. Wäre es begreiflich und glaublich, so wäre es nicht recht.

Gott ist in allen Dingen. Je mehr er in den Dingen ist, je mehr ist er außen. Ich habe es schon öfter gesagt, daß Gott diese Welt stetig neu erschafft. Aber insofern Gott Vernunft ist, ist er nirgend so eigentlich wie in der Seele, im Innigsten der Seele und im Höchsten der Seele. Wo die Zeit nie hinkam, wo hinein nie ein Bild leuchtete, in dem Innigsten und Höchsten der Seele schafft Gott seine Welt. Alles, was vergangen, und alles, was künftig ist, schafft Gott im Innigsten der Seele. Alles das, was Gott in den Heiligen wirkt, das wirkt Gott im Innigsten der Seele. In dem Innigsten der Seele gebiert der Vater seinen Sohn und gebiert dich, samt seinem eingeborenen Sohn. Soll ich Sohn sein, so muß ich in demselben Wesen Sohn sein, in dem Gott selbst Sohn ist, und in keinem anderen.

St. Johannes spricht: »Ihr seid Kinder Gottes.« Die Leute wähnen, da und da sei Gott einmal Mensch geworden. Dem ist nicht also; denn Gott ist sowohl hier wie dort Mensch geworden und um und um ist er Mensch geworden, auf daß er auch dich als seinen eingeborenen Sohn gebäre und als nichts weniger.

Ich sprach gestern ein Wörtlein, das steht im Vaterunser und heißt: »Dein Wille werde.« Besser wäre: »Sein Wille und mein Wille werde ein einziger Wille.« Das meint das Vaterunser.

Das Wort hat zweierlei Sinn. Der erste: Für alle Dinge sei du wie ein Schlafender, so daß du weder von Zeit noch von Kreaturen, noch von Bildern etwas wissest. Die Meister sagen: Ein Mensch, der recht schliefe, und schliefe er auch hundert Jahre, er wüßte um keine Kreatur, er wüßte nichts von Zeit oder Bild. Du aber könntest dennoch wahrnehmen, daß Gott in ihm wirkt. Darum spricht die Seele im Buch der Minne: »Ich schlafe und mein Herr wacht.« Darum, wenn alle Kreaturen in dir schlafen, kannst du wahrnehmen, was Gott in dir wirkt.

Es spricht zweitens ein Wort: »Arbeite in allen Dingen.« Das soll heißen: Schaff zu deinem Frommen in allen Dingen, denn in allen Dingen ist Gott. Gott hat alle Dinge erschaffen, nicht, daß er sie werden ließ und dann seines Weges ging, sondern: er ist in ihnen geblieben. Die Leute wähnen, daß sie mehr haben, wenn sie die Dinge mit Gott haben, als wenn sie Gott hätten, ohne die Dinge. Aber das ist unrichtig, denn alle Dinge mit Gott sind nicht mehr als Gott alleine. Und wer dies glaubt, der hat den Sohn und mit ihm den Vater. Glaubte er, daß er mehr hätte, wenn er den Sohn ohne den Vater hätte, er dächte falsch. Denn weder ist der Vater mit dem Sohn mehr als der Sohn allein, noch ist der Sohn mit dem Vater mehr denn der Vater allein. Darum nimm Gott in allen Dingen, und das sei ein Zeichen, daß er dich geboren hat, als seinen eingeborenen Sohn, und als nichts Geringeres.

Der andere Sinn ist der: Schaff zu deinem Frommen in allen Dingen; das will sagen: liebe Gott über alle Dinge und deinen Nächsten wie dich selbst. Und liebst du hundert Mark mehr bei dir als bei einem anderen, das ist unrecht. Und hast du deinen Vater und deine Mutter und dich selber lieber als einen anderen, das ist unrecht. Und hast du die Seligkeit lieber in dir als in einem anderen, das ist unrecht.

»Gott behüte! Was sagt Ihr? Soll ich die Seligkeit in mir nicht lieber haben als in einem anderen?«

Es gibt viele Gelehrte, die das nicht begreifen, und es dünkt sie gar schwer. Aber es ist nicht schwer; es ist ganz leicht. Ich will es dir beweisen, daß es gar nicht schwer ist. Sieh, die Natur hat zwei Absichten mit dem, was ein jegliches Glied am Menschen wirken soll.

Die erste Absicht, die sein Tun angeht, ist, daß jedes Glied dem ganzen Körper dienen soll und danach einem jeglichen anderen Glied wie sich selbst, und nicht weniger; noch auch soll sich eines in seinem Wirken für mehr erachten als ein anderes Glied. Es soll vielmehr jedes sich in der gleichen Gnade wissen und dienen.

Die andere Absicht ist: Deine Minne soll nur an Gott hängen. Nächst dem aber liebe deinen Nächsten wie dich selbst und nicht minder als dich selbst. Und minnst du die Seligkeit in St. Peter und in St. Paulus wie in dir selbst, dann besitzest du dieselbe Seligkeit, die auch sie haben. Aber das Wort: »Schaff zu deinem Frommen in allen Dingen«, das will auch sagen: Liebe Gott ebensosehr in Armut wie in Reichtum, und habe ihn so lieb in Siechtum wie bei Gesundheit, habe ihn so lieb in Prüfungen und so lieb im Leide wie ohne Leid. Ja, je größeres Leid, je geringeres Leid. Wie zwei Eimer in einem Brunnen; je schwerer der eine, um so leichter der andere. Ein Mensch, der Gott minnt, dem fällt es ebenso leicht, alle Welt zu lassen, wie ein Ei. Je mehr der Mensch läßt, um so leichter wird ihm das Lassen.

Das dritte: Arbeite in allen Dingen, erfülle deinen Dienst. Leg ab alles, was dein ist, und gib dich Gott zu eigen, dann wird Gott dein eigen, wie er sich selbst zu eigen ist. Was mein ist, das hab ich von niemand. Habe ich es aber von einem anderen, so ist es nicht mein, sondern des, von dem ich es habe. Heb auf dein Haupt, richte alle deine Werke auf Gott.

Es sind viele Leute, die das nicht begreifen, und das nimmt mich nicht wunder, denn der Mensch, der das begreifen soll, der muß sehr abgeschieden sein und erhaben über alle Dinge.

Daß wir zu dieser Vollkommenheit kommen, dazu verhelf' uns Gott. Amen.

Vom Reich Gottes

Scitote, quia prope est regnum Dei.
(Luk. 21,31)

»Wisset, daß Gottes Reich nahe ist«, so spricht unser lieber Herr. Ja, das Reich Gottes ist in uns, und Sankt Paulus spricht, daß uns unser Heil näher ist, als wir glauben. Nun sollt ihr wissen, wie das Reich Gottes uns nahe ist. Hiervon müssen wir den Sinn mit Fleiß merken. Wenn ich ein König wäre und wüßte es nicht, so wäre ich kein König. Aber hätte ich die feste Überzeugung, daß ich ein König sei, und meinten und dächten das alle Leute mit mir, und ich wüßte fürwahr, daß das alle Menschen meinten und glaubten, so wäre ich ein König, und aller Reichtum eines Königs wäre mein. Also hängt auch unsere Seligkeit davon ab, daß man das höchste Gut, das Gott selber ist, erkenne und wisse. Ich habe eine Kraft in meiner Seele, die Gottes allzumal empfänglich ist. Ich bin dessen so gewiß, als ich lebe, daß mir kein Ding so nahe ist wie Gott. Gott ist mir näher, als ich mir selber bin, all mein Wesen hängt daran, daß mir Gott nahe und gegenwärtig ist.

Wenn ich an Gottes Reich denke, dann befällt mich tiefes Schweigen, seiner Unermeßlichkeit wegen. Denn Gottes Reich ist Gott selbst mit all seinem Reichtum. Wer alle Welten bedächte, die Gott erschaffen könnte, das alles wäre Gottes Reich nicht. In welcher Seele Gottes Reich erschiene und Gottes Reich erkannt würde, der brauchte man nicht zu predigen noch sie zu lehren. Sie wäre aus ihr selber belehrt und des ewigen Lebens versichert. Wer weiß und erkennt, wie nahe ihm Gottes Reich ist, der kann mit Jakob sprechen: »Gott ist hier an diesem Ort, und ich wußte es nicht.«

Gott ist in allen Kreaturen gleich nahe. Wer ihn wahrnehmen will, kann ihn in einer jeden Kreatur finden und erkennen. Ein Meister sagt: Der nur erkennt Gott recht, der seiner in allem gleicherweise innewird. Und: Gott in Furcht dienen, das ist gut; ihm in Minne dienen, das ist besser; aber die Minne und die Furcht in eins nehmen, das ist das Allerbeste. Daß der Mensch ein Leben der Ruhe und Rast in Gott hat, das ist gut; daß er ein Leben der Pein in Geduld trägt, das ist besser; daß man aber diese Rast im peinvollen Leben habe, das ist das Allerbeste.

Ein Mensch gehe auf dem Felde und spreche sein Gebet und bekenne Gott, oder er sei in der Kirche und bekenne Gott: wenn er Gott darum, daß er an einem Ruheort ist, eher erkennt, so kommt das von seiner Gebrechlichkeit, nicht von Gott; denn Gott ist an allen Orten gleich und ist, soweit es an ihm liegt, immer gleich bereit, sich zu geben. Und der erkennt Gott recht, der ihn überall in gleicher Weise findet.

Der Himmel ist an allen Orten gleich fern von der Erde. Also soll auch die Seele von allen irdischen Dingen gleich fern sein, dem einen nicht näher als dem anderen. Sie soll sich gleichermaßen fern halten in Liebe, in Leid, im Haben, im Entbehren; in allem, was es auch sei, soll sie zumal gestorben, gelassen sein und darüber erhoben stehen. Der Himmel ist rein und klar ohne alle Flecken, den Himmel berührt nicht Zeit noch Raum. Alle leiblichen Dinge haben darin keine Stätte. Sein Umlauf ist unglaublich schnelle, sein Lauf ist sonder Zeit, aber von seinem Lauf kommt die Zeit. Nichts hindert die Seele so sehr an der Erkenntnis Gottes als Raum und Zeit. Zeit und Raum sind Stücke. Gott ist Eines. Darum, wenn die Seele Gott erkennen soll, so muß sie Gott über Zeit und Raum erkennen. Denn Gott ist Eines.

Soll die Seele Gott erkennen, so darf sie mit der Nichtigkeit keine Gemeinschaft haben. Wer Gott sieht, der erkennt, daß alle Kreatur nichtig ist. Wenn man eine Kreatur mit der anderen vergleicht, so mag sie schön scheinen und etwas sein; wenn man sie aber gegen Gott vergleicht, dann ist sie nichts.

Ich sage mehr: Soll die Seele Gott erkennen, so muß sie auch ihrer selbst vergessen und muß sich selber verlieren. Solange sie sich noch selber sieht und erkennt, solange sieht und erkennt sie Gott nicht. Wenn sie sich an Gott verliert und alle Dinge läßt, so findet sie sich in Gott wieder, weil sie Gott erkennt. Und dann erkennt sie sich selber und alle Dinge, von denen sie sich geschieden hat, in Gottes Vollkommenheit. Will ich das höchste Gut und die ewige Güte erkennen, wahrlich, so muß ich sie erkennen, wie sie gut ist in sich selber, nicht, wie sie geteilt ist. Soll ich das wahre Wesen erkennen, so muß ich es erkennen, wie das Wesen in sich selber ist, das heißt, wie es in Gott ist, nicht wie es in die Kreaturen ausgeteilt ist.

In Gott allein ist das ganze göttliche Wesen. In einem Menschen ist nicht die ganze Menschheit, denn ein Mensch ist nicht alle Menschen. Aber in Gott erkennt die Seele die ganze Menschheit und alle Dinge im Höchsten, denn sie erkennt sie nach dem Wesen. Ein Mensch, der in einem schön ausgemalten Hause lebt, der weiß mehr davon, als ein anderer, der nie hineinkam und etwa viel davon sagen wollte. Darum ist es mir so gewiß, wie daß ich lebe und wie daß Gott lebt: Soll die Seele Gott erkennen, so muß sie ihn außer Zeit und Raum erkennen. Und eine solche Seele erkennt Gott und weiß, wie nahe ihr Gottes Reich ist, das heißt Gott mit allem seinem Reichtum. Die Meister haben viel Fragens in der Schule, wie das möglich sei, daß die Seele Gott erkennen möge? Es ist nicht Gottes Strenge, daß er so viel vom Menschen heischt; es liegt an seiner großen Milde, wenn er will, daß die Seele sich weiter mache, auf daß sie viel empfangen und er ihr viel geben könne.

Niemand soll denken, daß es schwer sei, hierhin zu gelangen, wenn es auch schwer lautet und im Anfang auch schwer ist, im Abscheiden und Absterben von allen Dingen. Aber wenn man hineinkommt, dann wird kein Leben leichter noch fröhlicher, noch minniglicher; denn Gott ist gar eifrig, allezeit bei dem Menschen zu sein, wenn anders der ihm nur folgen will. Es begehrte noch nie ein Mensch ein Ding so sehr, als Gott begehrt, den Menschen dazu zu bringen, daß er ihn erkenne. Gott ist allezeit bereit, aber wir sind sehr unbereit; Gott ist uns nahe, aber wir sind ihm fern; Gott ist drinnen, wir sind draußen; Gott ist die Heimat, wir sind in der Fremde.

Der Prophet spricht: Gott führt die Gerechten durch einen engen Weg auf die breite Straße, damit sie in die Weite und Breite kommen, das heißt: in die wahre Freiheit des Geistes, der mit Gott *ein* Geist geworden ist.

Daß wir ihm alle folgen, daß er uns in sich bringe, dazu verhelfe uns Gott. Amen.

Merksprüche und Weisungen
(aus Traktat- und Predigttexten)

I

Gott-Vater, Gott-Sohn, Leben

1 Gott sandte, als die Zeit erfüllet war, der Seele seinen Sohn. Wenn die Seele der Zeit und des Raumes ledig ist, so sendet der Vater seinen Sohn in sie.

2 Darum hat Gott die Seele geschaffen, damit sein eingeborener Sohn in ihr geboren werde. Und wenn diese Geburt geschieht, das ist Gott lustsamer, denn da er Himmel und Erde schuf. Denn die Seele ist edeler und weiter denn der Himmel.

3 Gott gebiert seinen eingeborenen Sohn jetzt und ewiglich in einer jeden guten, schauenden Seele.
Er muß es ja tun, es sei ihm lieb oder leid. Ohn Unterlaß gebiert der Vater seinen Sohn. Darüber hinaus sage ich: mich gebiert er als seinen Sohn, als denselbigen Sohn. Und noch mehr: er gebiert mich als sich selbst und sich als mich. Er gebiert mich als sein eigenes Wesen, seine eigene Natur. In dem innersten Quell, da quelle ich aus dem Heiligen Geiste; da ist nur *ein* Leben, *ein* Wesen, *ein* Werken.
Mein leiblicher Vater ist nicht eigentlich mein Vater, sondern nur an einem kleinen Stücklein seiner Natur und ich bin geschieden von ihm; er mag tot sein und ich leben. Darum ist nur der himmlische Vater in Wahrheit mein Vater, weil ich sein Sohn bin und alles das von ihm habe, was ich habe, und weil ich derselbe Sohn bin und nicht wer anders. Weil der Vater nur *ein* Werk wirkt, darum wirkt er mich, seinen eingeborenen Sohn, ohne allen Unterschied.

4 Ich sage, daß die ewige Geburt in der Seele so geschieht, wie sie von Ewigkeit her geschehen ist; denn es ist eine Geburt im Wesen und Grunde der Seele.

5 Das Leben empfangen wir durch den Vater; durch den Sohn das Licht, in dem alle Dinge als in ihrem Urbild ewiglich leuchtend stehen; das Überströmen empfangen wir durch den Heiligen Geist, in welchem alle Dinge eins sind.

6 Warum lebst du? Um Lebens willen. Und weißt dennoch nicht, warum du lebst. So begehrenswert ist das Leben in sich selber, daß man es um seiner selbst willen begehrt. Selbst die in der Hölle wollen nicht ihr Leben verlieren, weder Widersacher noch arme Seelen, denn ihr Leben ist so edel, daß es unmittelbar aus Gott in die Seele fließt. Darum also, weil es von Gott so unvermittelt fließt, *darum* wollen sie leben. Was ist Leben? Gottes Wesen ist mein Leben. Ist mein Leben aber Gottes Wesen, so muß, was Gottes ist, mein sein und Gottes Seinswirklichkeit mein wahres Sein, nicht weniger und nicht mehr. »Das Wort war bei Gott«: Es war Gott allzumal gleich; es war ihm beineben, weder darunter noch darüber, sondern gleich.

7 Da Gott den Menschen machte, da machte er die Frau von des Mannes Seite, darum, daß sie ihm gleich wäre. Er machte sie nicht aus dem Haupt noch aus den Füßen, daß sie weder Frau noch Mann für ihn wäre, sondern daß sie [sonder Zweiheit] ihm gleich sei. Also soll auch die gerechte Seele bei Gott [sonder Zweiheit] ihm gleich sein: beineben Gott, ihm auf rechte Weise gleich, nicht unten und nicht oben.

II
Geburt des Menschen, Menschtum

1 Es gibt zweierlei Geburt des Menschen: eine in die Welt hinein und eine aus der Welt hinaus und in Gott hinein. Willst du nun wissen, ob du zu Gottes Sohn gemacht seist, so wisse: solange du noch um irgendein Ding Leid trägst, es sei denn um der Sünde willen, solange ist deine Kindschaft noch nicht geboren.

2 In denen Gott Quell und Ursprung des Heiligen Geistes gebiert, die sind Gottes Kinder und echte Gottessöhne.

3 Darum, wer von Gott geboren ist als sein Sohn, der minnt Gott um seiner selbst willen und wirkt seine Werke um des gotterfüllten Wirkens willen. Und er wird solcher Minne und solchen Wirkens nimmer müde, und was er minnt, das ist ihm alles nur eine einzige Minne. Damit bewährt es sich, daß Gott die [minnigliche] Liebe ist.

4 Gott selbst macht, daß wir ihn erkennen, und es ist sein Sein, das mich erkennen macht; und darum ist sein Erkennen mein: so wie das, was ein Meister lehrt, und das, worüber der Schüler belehrt wird, ein und dasselbe ist. Und wenn also sein Wesen und sein Sein und seine Natur mein ist, dann bin ich der Sohn Gottes. Seht, solche Minne hat Gott uns zugewandt, daß wir Menschen Gottes Söhne heißen und sind.

5 Menschtum [generell] und Menschsein [individuell] ist nicht dasselbe. Menschheit [Menschtum als Gattungsbegriff] an sich selber ist so edel, daß das Höchste daran Gleichheit mit den Engeln hat und Sippschaft mit der Gottheit. Die Einung, die Christus mit dem Vater besaß, die zu gewinnen wäre auch mir möglich, wenn ich nur das an mir ablegen könnte, was von dem und jenem an mir ist, und wenn ich mich mehr als Menschheit [überindividuell] nähme. Alles das, was Gott je seinem eingeborenen Sohn gab, das hat er mir

ebenso vollkommen gegeben wie ihm und nicht weniger; und hat es mir sogar reichlicher gegeben, denn er gab meinem Menschentum mehr an Christheit als Christo. Denn Christo gab er nichts, Christus hatte ja alles von Ewigkeit her im Vater. Schlage ich dich, so schlage ich zuerst einen Burkhart oder einen Heinrich und danach erst den Menschen. So aber tut Gott nicht. Er nahm zuerst Menschheit an. Wer aber ist ein Mensch? Der durch Jesu Christi Menschtum Christi eigenen Namen hat. Und darum spricht unser Herr: »Wer diesen Einen anrührt, der greift mir in mein Auge.« [. . .]
Wer für Gott hundert Pfund in Gold gäbe, der täte ein großes Werk und es schiene eine große Sache. Ich aber sage euch: Habe ich den Willen, hundert Pfund in Gold zu geben, und ist dieser Wille wirklich vollkommen, fürwahr, so habe ich hundert Pfund an Gott bezahlt und er muß mir antworten, als ob ich ihm hundert Pfund gezahlt hätte. Und noch mehr sage ich: Hätt' ich solch einen Willen, daß ich eine ganze Welt dahingäbe, vorausgesetzt, ich besäße sie, so habe ich Gott mit einer ganzen Welt bezahlt, und er muß mir antworten, so als ob ich ihm mit einer ganzen Welt gezahlt hätte. Ja, würde der Papst von meiner Hand erschlagen und wäre es nicht mit meinem Willen geschehen: ich wollte zum Altar gehen und nichtsdestoweniger die Messe lesen.
Ich sage: Menschtum ist am ärmsten und am erbärmlichsten Menschen ebenso vollkommen wie an Papst oder Kaiser. Denn Menschtum an sich selber ist mir näher und mehr als das Menschsein, das ich zufällig an mir trage.

6 Die Menschen, in denen das Ewige Wort gesprochen wird, denen geschehen vier Dinge. Das eine ist, daß der Mensch mit Gott vereinigt wird. Das andere ist, er wird aus Gnade Gottes Sohn. Das dritte ist, er wird Gottes Erbe. Das vierte ist: alle Knechtschaffenheit fällt ab von ihm: so, wie St. Paulus sagt: »In Christo ist der Mensch weder Weib noch Mann, weder Jude noch Grieche, weder Knecht noch Freigeborener; sondern alle Menschen sind eins in Christo, und alle sind Söhne Gottes.«

III

Weib, Maria, Seele

1 Ich sage: Hätte Maria nicht zuerst Gottes Sohn geistlich in ihrer Seele geboren, er wäre leiblich nie von ihr geboren worden.

2 Weib ist das edelste Wort, das man von der Seele sagen kann. Es ist noch edler denn Jungfrau. Daß der Mensch Gott in sich empfängt, das ist gut; und in dieser Empfängnis ist er Magd. Daß aber Gott fruchtbar in ihm werde, das ist besser. Denn Fruchtbarkeit ist Dankbarkeit für die Gabe; und in der wiedergebärenden Dankbarkeit ist die Seele ein Weib.

3 Die Seele ist immer gleich einem Mann, wo sie Gott zugewandt ist. Wo die Seele sich herniederkehrt, da heißt sie weiblich. Aber wo man Gott selbst erkennt und Gott bei sich daheim sucht, da ist die Seele männlich. Alsdann also ist sie gleich einem Mann, wenn sie eingestaltig, ohne Mittler, in Gott dringt.

4 Ihr sollt wissen: Das einfältig göttliche Bild, das in die Seele eingedrückt ist im Innigsten der Natur, das bildet sich allereigentlichst zum Bilde der Seele. Und hier hat keine Vermittelung statt, weder durch Willen [Christus] noch durch Weisheit [Heiliger Geist]. Hier ist Gott ohn alles Mittlertum in dem Bilde und das Bild ist unvermittelt in Gott. Doch ist Gott um vieles edler in dem Bilde als das Bild in Gott. Hier nimmt das Bild Gott nicht wahr, insofern er Schöpfer ist, sondern es nimmt ihn wahr als ein vernunfthaft waltendes Wesen, und das Edelste der Natur bildet sich allereigentlichst dem Bilde ein.

5 Ihr sollt wissen, daß das Ewige Wort sich selbst in der Seele gebiert, sich, das Wort selbst, ohne Unterlaß, sich selbst und nichts Geringeres.

6 So sehr liebt Gott meine Seele, daß sein Wesen und sein Leben daran hängen, daß er mich lieben muß, sei es ihm lieb oder leid. Wer Gott nehmen würde, daß er mich liebt, der nähme ihm seine Gottheit.

7 Was der Mensch liebt, das ist der Mensch. Das ist so zu verstehen: Liebt er einen Stein, so ist er ein Stein. Liebt er einen Menschen, nun, so ist er ein Mensch. Minnet er Gott – nun wage ich nicht, weiterzusprechen: denn sage ich: daß der Mensch dann Gott ist, so könntet ihr mich steinigen wollen.

8 Die Seele ist geschaffen an einem Ort zwischen Zeit und Ewigkeit, die sie beide berührt. Mit ihren obersten Kräften berührt die Seele die Ewigkeit, aber mit ihren niedersten Kräften berührt sie die Zeit. Seht: so wirkt sie *in* der Zeit, nicht aber *nach* der Zeit, vielmehr auf die Ewigkeit hin, die sie mit den Engeln gemeinsam hat.

9 Hast du dich selber auf die rechte Art lieb, so hast du alle Menschen lieb wie dich selbst. Solange du einen Menschen weniger liebhast als dich selbst, gewannst du dich selber nie wahrhaftig lieb. Nur mit dem sich auf rechte Art selbst liebenden Menschen steht es gut, so daß er alle Menschen ebenso liebhat wie sich selbst.

10 Wenn ich alles hinauswerfe, was selbstisch an mir ist, dann kann ich in das reine Wesen des Geistes hineinversetzt werden.
Die Seele ist mehr dort, wo sie liebt, als dort, wo sie dem Leib Leben gibt.

11 Wer mehr Wille hat, der hat auch mehr Minne.

12 Wäre einer in solcher Verzückung wie weiland St. Paulus und wüßte einen siechen Menschen, der eines Süppleins von ihm bedürfte: ich achtete es weit besser, er ließe von Liebe und Verzückung und diente Gott in einer größeren Minne.

IV
Von Liebe und Minne

1 Etliche Leute wollen Gott mit Augen schauen, so, wie sie eine Kuh betrachten, und wollen Gott genauso minnen, wie sie eine Kuh liebhaben. Die Kuh, die minnest du um die Milch und um den Käs', um deinen eigenen Nutz. So tun alle jene Leute, die Gott minnen um auswendigen Reichtums oder um einwendigen Trostes willen. Solche Leute minnen Gott nicht auf rechte Weise, sondern sie minnen ihren eigenen Nutzen. Und wahrlich: solches Minnen wird dir zum Hindernis auf dem Weg zur allernächsten Wahrheit.

2 Je mehr wir Eigenes haben, um so weniger Minne haben wir. Und je weniger wir zu eigen haben, um so mehr haben wir *ihn* mit allem, was *er* erfüllen kann. Darum, als unser Herr von allen Seligkeiten sprach, da setzte er die Armut des Geistes zuoberst, zum Zeichen dafür, daß alle Seligkeit und Vollkommenheit allzumal ihren Anfang habe in der Armut des Geistes.

3 Darum tut man dem Leib den Zaum der Bußübungen an, und darum bedrückt man ihn, damit der Geist sich seiner erwehre. Denn der Leib ist dem Geiste viel zu stark. Der Leib ist hier zu Hause; die Welt hilft ihm, die Erde ist sein Vaterland, ihm helfen hier alle seine Verwandten, Speise, Trank, Behagen: das alles ist wider den Geist. Der Geist ist fremd hierzuland; alle seine Verwandten sind im Himmel. Dort ist er gar heimisch. Darum, daß der Leib den Geist nicht überwinde und daß der Geist sich seiner erwehren könne, darum bedrückt man das Fleisch, um es etwas zu schwächen in diesem Streit.
Da man dem Leib das tut, damit er ein Gefangener sei, so lege ihm, wenn du ihn tausendmal besser fangen und belasten willst, den Zaum der Minne an. Mit Minne überwindest du ihn am allerschnellsten. Und darum stellt uns Gott mit kei-

nem anderen Ding so sehr nach, als wie mit Minne. [. . .] Wer von ihr gefangen wird, der hat das allerstärkste Band und doch eine süße Bürde empfangen. Wer diese süße Bürde auf sich genommen hat, der erreicht damit mehr und kommt weiter damit als mit aller Buße und Strenge, die je Menschen auferlegen und üben können. [. . .] Nichts macht dich Gott so eigen und durch nichts wird Gott dir so zu eigen als durch dieses süße Band. Wer diesen Weg gefunden hat, der suche keinen anderen.

4 Wenn die Seele erleuchtet wird vom Geiste der Wahrheit, so wiegen ihr alle Dinge soviel wie nichts, so wie St. Paulus spricht: »Ich achte alle Dinge nicht mehr denn Mist.« In der wahren Armut wird die Seele aller Kreatur überdrüssig.

5 Willst du wissen, was ein wahrhaft armer Mensch ist? *Der* Mensch ist wahrhaft arm im Geist, der all das wohl entbehren kann, was nicht nötig ist. Darum sprach der, welcher nackt in seiner Tonne saß, zu dem großen Alexander, der alle Welt erobert hatte: »Ich bin ein viel größerer Herr als du; denn ich habe mehr verschmäht, als du in Besitz genommen hast. Was du groß achtest, es besitzen zu wollen, das ist mir zu gering, es auch nur zu verschmähen.«
Das Nichtshaben, das Ausgeleertsein kehrt die Natur um: ein luftleerer Raum macht Wasser bergauf steigen. Darum, willst du vollen Trost und Freude haben in Gott, so trachte, dich von den Kreaturen und ihren Tröstungen frei zu machen. Solange dir daran gelegen ist, glaub mir, solange findest du nimmermehr wahren Trost. Wäre man imstande, einen Becher gänzlich leer zu machen, auch von der Luft, kein Zweifel, der Becher vergäße seine Natur, die Leere trüg ihn empor bis an den Himmel. So auch trägt Arm- und Leer-sein aller endlichen Dinge die Seele empor zu Gott.

V
Von Buße und geistlicher Armut

1 Ich habe schon öfters gesagt: es ist eine Kraft in der Seele, die nicht Zeit noch Fleisch berührt, sie fließt aus dem Geist und bleibt im Geist und ist ganz und gar geistlich. In dieser Kraft ist Gott allzumal grünend und blühend in all der Freude, die er in sich selber ist. [. . .] Denn der ewige Vater gebiert seinen ewigen Sohn in dieser Kraft ohne Unterlaß. Und hätte ein Mensch alles Gut der Erde und ließe das alles um Gott und würde einer der ärmsten Menschen, der je auf Erden lebte, und gäbe ihm dann Gott so viel Leid, als er je einem Menschen gab, und er litte dies alles bis an seinen Tod, und Gott gäbe ihm dann nur einen Augenblick anzuschauen, wie er in dieser Kraft ist: seine Freude würde also groß sein, daß ihm dagegen alles Leid und alle Armut noch zu wenig wäre. [. . .] Denn Gott ist in dieser Kraft als in dem ewigen Jetzt. Wäre der Geist allezeit mit Gott in dieser Kraft vereinigt, der Mensch könnte nicht altern. Denn dies Jetzt, da Gott den ersten Menschen machte, und das Jetzt, in dem der letzte Mensch vergehen soll, und dies Jetzt, in dem ich nun spreche, die sind alle zugleich in Gott und sind nichts denn ein einziges Jetzt. Nun sehet, dieser Mensch, dem Gott auch nur einen Augenblick zu schauen gäbe, wie er in dieser seiner Kraft lebt, der würde mit Gott wohnen in einem Licht, der kennte nicht Leid noch Wohlergehen, sondern eine gleiche Ewigkeit. [. . .] Wahrlich, in dieser Kraft ist Gott ohne Unterlaß glimmend und brennend mit all seinem Reichtum und mit so großer maßloser Wonne, daß niemand wahr genug davon sprechen und künden kann.

2 Mit den obersten Kräften rührt die Seele an Gott; davon wird sie nach Gott gebildet. [. . .] Der höchsten Seelenkräfte sind es drei. Die erste ist Erkenntnis. Die zweite ist irascibilis [eigentlich: jähzornig], eine ufkriegende [aufbegehrende] Kraft. Die dritte ist der Wille. In rechter Erkenntnis heißt die

Seele »Licht«. [. . .] Die ufkriegende Kraft dringt ohn Unterlaß empor. Sie mag es nicht leiden, daß irgend etwas über ihr sei. Ich wähne, sie mag es nicht einmal leiden, daß Gott über ihr sei. Ist er nicht in ihr, so kann sie nimmer ruhen. Der inwendige Wille ist allezeit zu Gott gekehrt und schöpft Gottes Minne in sich. Da wird Gott ergossen in die Seele und die Seele in Gott, und wird geheißen eine göttliche Minne.

3 Was ist es mit dem Reich Gottes? Das Reich: das ist Er selber in der Fülle seines Wesens. Sodann aber erfahren wir das Reich auch in der Seele. Denn die Seele ist mit der Gottheit von gleicher Art. Darum läßt sich alles, was hier gesagt worden ist vom Reich, sofern Gott selbst dieses Reich ist, auch aussagen von der Seele. Denn die Seele ist der Inbegriff des Seins. Sie ist das, insofern sie Gottes Inbild ist. Als solches also ist sie auch das Reich Gottes.

VI

Von der Freude, der Einheit und der Heimkehr

1 Es ist ein Etwas in der Seele, das ist mit Gott so versippt, daß es mit ihm *eins* ist und nicht bloß vereint. Alles, was geschaffen ist, das ist nichts. Nun ist aber dieses Etwas fern und fremd aller Geschaffenheit. Wäre der Mensch allerwege so beschaffen, er wäre allzumal ungeschaffen und unschöpflich; wäre alles, was körperhaft und bresthaft ist inbegriffen, in der Einheit: es wäre nichts anderes, als was die Einheit selber ist. Fände ich mich auf eines Augenblicks Länge in diesem Wesen, ich achtete meiner so wenig als eines Mistwürmleins [eines geringsten Würmleins]. [. . .] Wer eine Fliege nimmt so, wie sie in Gott ist: die Fliege ist edler in Gott, als der höchste Engel an ihm selber ist. In Gott sind alle Dinge gleich und sie sind Gott selber. [. . .]
Nun ist da eine Frage der Engel wegen: Ob die Engel, die hier mit uns wohnen und uns dienen und behüten, ob die irgend

minder Gleichheit haben in ihren Freuden, denn die, so in der Ewigkeit sind; oder ob sie etwa dadurch benachteiligt werden, daß sie ihrem Werk obliegen müssen, uns zu behüten und uns zu dienen. Ich sage: Nein, sie haben davon keinen Schaden. Ihre Freude und ihre Gleichheit ist umdeswillen nicht geringer. Denn das Werk des Engels ist der Wille Gottes; und der Wille Gottes ist das Werk des Engels; darum wird er weder in seiner Freude noch in seiner Gleichheit, noch an seinen Werken beeinträchtigt. Hieße Gott ihn niederfahren zu einem Baum und hieße ihn da Raupen ablesen, der Engel wäre dazu bereit, die Raupen abzulesen, und es wäre seine Seligkeit und wäre der Wille Gottes.

2 »Ein Mensch« bereitete eine Bewirtung. Ein Mensch: weißt du, wie sein Name ist? Er heißt der Namenlose [Gott]. Dieser Mensch sandte seine Knechte aus. Sankt Gregorius spricht: »Diese Knechte«, das sind seine Prediger. In einem anderen Sinn, so heißen »diese Knechte« die Engel. In einem dritten Sinne ist, wie mich dünkt, »dieser Knecht« das Fünklein der Seele, das da ist geschaffen von Gott und ist ein Licht, der Seele von oben eingewirkt, und ist ein Bild göttlicher Natur, das da allewege aufbegehrt gegen alles, was nicht göttlich ist und ist in allewege zu Gott hingekehrt; auch noch in der Hölle bleibt es heil auf Gott gerichtet.

3 In eben diesem Lichte hat die Seele mit den Engeln Gemeinschaft und auch mit den Engeln, die der Hölle verfallen sind und haben dennoch den Adel ihrer Natur behalten. Da steht dieses Fünklein, ledig allen Leidens, aufgerichtet in das Wesen Gottes. Die Seele vergleicht sich auch den guten Engeln, die da beständig in Gott wirken. Diesen guten Engeln vergleicht sich das Fünklein der Vernunft, das da ohne Unterschied geschaffen ist von Gott, ein überschwebendes Licht und ein Bild göttlicher Natur, von Gott geschaffen. Dies Licht trägt die Seele in ihr selbst. [. . .] Auch in der Hölle

ist es zum Guten geneigt und führt Krieg in der Seele wider alles, das nicht lauter und göttlich ist und ladet sie ohn Unterlaß zur Bewirtung.

4 Die Minne hat das von Natur, daß sie ausfließt von Zweien zu einem einzig Einen. Als Zwei besteht Minne nicht. Zweie als Eines, das gibt notwendig und naturgemäß Liebe voller Drang und Glut. Aber: »Alle Gewässer, ja alle Wesen eilen und fließen zurück in ihren Ursprung.« Darum ist es so, wie ich zuvor gesagt habe: Ebenbildlichkeit und Minne drängt die Seele zurück zum Ursprung des Einen, zu unserem Vater Himmels und der Erde.

Einige der achtundzwanzig durch die Bulle von 1329 verurteilten Sätze aus Meister Eckharts Predigten

Satz 5 und 6. Wer jemanden mit einer Beschimpfung lästert, lobt Gott gerade durch die Sünde der Beschimpfung. Je mehr er schimpft und je schwerer er sündigt, um so kräftiger lobt er Gott. – Selbst wer Gott lästert, lobt Gott.

Satz 7. Wer um dies oder jenes bittet, der bittet um Übles und in übler Weise, weil er um die Verneinung des Guten und um die Verneinung Gottes bittet. Und er bittet darum, daß Gott sich ihm versage.

Satz 8. Menschen, die nach keinen Dingen trachten, weder nach Ehren noch nach Nutzen, noch nach innerer Selbstaufopferung, noch nach Heiligkeit, noch nach Belohnung, noch nach dem Himmelreich, sondern auf dieses alles verzichtet haben, auch auf das, was ihr Selbst ist: in solchen Menschen wird Gott geehrt.

Satz 9. Ich habe neulich darüber nachgedacht, ob ich wohl von Gott etwas annehmen oder begehren wollte: Ich möchte mir das gar sehr überlegen, weil ich da, wo ich der von Gott Empfangende wäre, unter ihm oder unterhalb seiner stünde, wie ein Diener oder Knecht; er selbst aber ein Herr wäre durch sein Geben; und so soll es mit uns *nicht* stehen im ewigen Leben.

Satz 11. Alles, was Gott Vater seinem eingeborenen Sohn in der menschlichen Natur gegeben hat, das hat er völlig auch mir gegeben. Hiervon nehme ich nichts aus, weder die Einung noch die Heiligkeit; sondern er hat mir alles ebenso gegeben wie ihm.

Satz 13. Alles, was der göttlichen Natur eigen ist, das ist auch ganz dem gerechten und göttlichen Menschen eigen. Darum wirkt solch ein Mensch auch alles, was Gott wirkt: Er hat zusammen mit Gott Himmel und Erde geschaffen; er ist Zeuger des ewigen Wortes und Gott wüßte ohne einen solchen Menschen nichts zu tun.

Satz 18. Laßt uns nicht die Frucht äußerer Werke bringen, die uns nicht gut machen; sondern innere Werke, die der Vater, in uns bleibend, tut und wirkt.

Satz 24. Jede Unterschiedenheit ist Gott fremd, sowohl in bezug auf seine Natur, wie in bezug auf die Personen. Beweis: Seine Natur ist *Eine*; und jede Person ist Eine und eben dieses selbe Eine, was die Natur ist.

Zu dieser Ausgabe

Die populäre kleine Auswahl aus dem Werk Meister Eckharts von Friedrich Alfred Schmid Noerr erscheint hiermit in leicht veränderter Form. Ganz unverändert ist der Bestand der von ihm auch übersetzten Texte, wozu der Herausgeber anläßlich der Erstausgabe bemerkte: »Der Raum gestattete nur wenige Proben zusammenhängender Predigttexte zum Abdruck zu bringen, eben ausreichend zur Kennzeichnung Eckehartischer Gedanken- und Redeführung. Notgedrungen mußte besonderer Wert gelegt werden auf einzelne, gekürzte Abschnitte, die, als ›Merksprüche und Weisungen‹ thematisch einigermaßen geordnet, wie Scheinwerferlicht über die geistige Landschaft dieser ›Lebenslehre‹ hinkreisen. Solche Weisungen möchten mehr dem unmittelbar angesprochenen Verstehen als dem nur begrifflichen Nachtasten empfohlen sein. Den Buchtitel sowie die Abschnittüberschriften wählte ich nach eigenem Ermessen.«

Johanna Lanczkowski hat dankenswerterweise dieser Textauswahl eine neue Einleitung beigegeben, die neueren wissenschaftlichen Erkenntnissen und dem sich gegenwärtig in besonderer Weise wandelnden Eckhart-Bild Rechnung trägt. Von ihr stammt auch das Quellenverzeichnis, das erlaubt, die Texte in der heute verbindlichen Ausgabe von Josef Quint aufzufinden. Der Weg zu weiterer Lektüre wird damit erschlossen. Schließlich hat Johanna Lanczkowski chronologisch geordnete Literaturhinweise beigefügt, die teilweise schon aus der Titelformulierung erkennen lassen, wie die Rezeption Meister Eckharts in den letzten hundert Jahren verlaufen ist.

Es ist zu wünschen, daß das Bändchen auch in dieser Form die Leser findet, die einen ersten Zugang zu Meister Eckhart suchen.

1989 *D. K.*

Quellenverzeichnis

Die Texte der vorliegenden Auswahl finden sich in:

Franz Pfeiffer (Hrsg.) Deutsche Mystiker des 14. Jahrhunderts. Bd. 2: Meister Eckhart. Leipzig 1857. Nachdr. Aalen 1962. [Mittelhochdeutscher Text.]

Meister Eckehart: Deutsche Predigten und Traktate. Hrsg. und übers. von Josef Quint. München 1955. ^{6}1985. (Taschenbuchausg. Zürich 1979.)

Meister Eckharts deutsche Predigten und Traktate. Ausgew., übertr. und eingel. von Friedrich Schulze-Maizier. Leipzig ^{3}1938.

Texte der vorl. Ausg.	Pfeiffer	Quint	Schulze-Maizier
Traktate			
S. 17–22	S. 382–394 (Traktat 2)	–	–
S. 23–28	S. 483–493 (Traktat 9)	–	–
Predigten			
S. 29–35	S. 47–53 (Predigt 9)	S. 280–289 (Predigt 28)	S. 307–314
S. 36–40	S. 280–284 (Predigt 87)	S. 303–309 (Predigt 32)	S. 348–356
S. 41–44	S. 275–279 (Predigt 86)	–	–
S. 44–46	S. 179–181 (Predigt 56)	S. 271–273 (Predigt 26)	S. 332–336
S. 47–48	S. 261–264 (Predigt 82)	S. 191–194 (Predigt 9)	S. 253–258
S. 49–52	S. 284–288 (Predigt 88)	S. 256–261 (Predigt 23)	–
S. 52–55	S. 33–38 (Predigt 6)	S. 153–158 (Predigt 1)	S. 232–239
S. 55–58	S. 206–209 (Predigt 66)	S. 356–360 (Predigt 43)	–
S. 58–61	S. 220–223 (Predigt 69)	S. 323–327 (Predigt 36)	S. 192–197
»Merksprüche«			
I,1 (S. 62)	S. 478	S. 209	–
I,2	–	S. 269 (vgl. S. 238)	S. 365
I,3	S. 437	(vgl. S. 185 und 258)	–

Texte der vorl. Ausg.	Pfeiffer	Quint	Schulze-Maizier
I,4 (S. 63)	–	S. 206	–
I,5	S. 618	–	–
I,6	S. 66	S. 180 (vgl. S. 184)	–
I,7	–	S. 184 (vgl. S. 389)	–
II,1 (S. 64)	–	S. 320 f.	–
II,2	–	S. 293	–
II,3	S. 437 (gerafft)	–	–
II,4	–	S. 319	–
II,5	–	S. 338 f. (vgl. S. 381)	S. 264
II,6 (S. 65)	S. 364–370 (gerafft)	–	–
III,1 (S. 66)	–	S. 256	–
III,2	–	S. 160	–
III,3	–	S. 249 f.	–
III,4	–	S. 225 (vgl. S. 249 f.)	–
III,5	S. 77	–	–
III,6 (S. 67)	S. 31	–	–
III,8	S. 95	–	–
III,9	–	S. 214	–
III,11	–	S. 66	S. 71
III,12	–	S. 67	S. 71 f.
IV,1 (S. 68)	S. 227	S. 372	–
IV,2	–	–	S. 108
IV,3	–	S. 438	–
IV,4 (S. 69)	S. 648	–	–
IV,5	–	S. 97 (vgl. S. 307)	–
V,1 (S. 70)	–	S. 161 f.	–
V,2	–	S. 295, 297	–
V,3 (S. 71)	–	S. 324	S. 193
VI,1	–	S. 215 f.	S. 303 f.
VI,2 (S. 72)	–	S. 243 (vgl. S. 247 f.)	– –
VI,3	–	S. 248 f.	–
VI,4 (S. 73)	S. 438 f. (gerafft)	–	–
Ausz. aus der Bulle Joh.' XXII. (S. 74)	–	S. 450–453	S. 414–419

Literaturhinweise

Textausgaben

Meister Eckhart: Die deutschen Werke. Hrsg. im Auftrag der Deutschen Forschungsgemeinschaft von Josef Quint. Berlin/Stuttgart 1958 ff.
Bd. 1–3: Predigten. 1958–76. [Bd. 4 i. Vorb.]
Bd. 5: Traktate. 1963.

Meister Eckhart: Die lateinischen Werke. Hrsg. im Auftrag der Deutschen Forschungsgemeinschaft. Berlin/Stuttgart 1936 ff.
Bd. 4: Sermones. Hrsg. von Ernst Benz, Bruno Becker und Josef Koch. 1956.

Ausgaben deutscher Schriften (mittelhochdeutsch)

Franz Pfeiffer (Hrsg.): Deutsche Mystiker des 14. Jahrhunderts. Bd. 2: Meister Eckhart. Leipzig 1857. Nachdr. 1962.

Philipp Strauch (Hrsg.): Buch der göttlichen Tröstung. Bonn 1910.

Ernst Diederichs (Hrsg.): Die Reden der Unterscheidung. Bonn 1913.

Übersetzungen deutscher Schriften

Hermann Büttner (Hrsg.): Schriften und Predigten. 2 Bde. Jena 1903.

Joseph Bernhart (Hrsg.): Meister Eckhart. Kempten/München 1914. (Deutsche Mystik. 3.) [Auswahl.]

– (Hrsg.): Reden der Unterweisung. München 1922.

Ernst Diederichs (Hrsg.): Reden der Unterscheidung. Bonn 1925.

Philipp Strauch (Hrsg.): Buch der göttlichen Tröstung. Berlin 1933.

Friedrich Schulze-Maizier (Hrsg.): Deutsche Predigten und Traktate. Leipzig 1938. [Auswahl.]

Josef Quint (Hrsg./Übers.): Meister Eckehart. Deutsche Predigten und Traktate. München 1955. ^{6}1985.

Zum Prozeß Meister Eckharts

Heinrich Seuse Denifle (Hrsg.): Aktenstücke zu Meister Eckharts Prozeß. In: Zeitschrift für das deutsche Altertum. N. F. 17 (1885) S. 259 ff.

Heinrich Seuse (Hrsg.): Akten zum Prozeß Meister Eckharts. In: Archiv für Literatur- und Kirchengeschichte des Mittelalters 2 (1886) S. 616 ff.

Augustinus Daniels: Eine lateinische Rechtfertigungsschrift des Meister Eckhart. Münster 1923. (Beiträge zur Geschichte der Philosophie des Mittelalters. Bd. 33. H. 5.)

Franz Pelster (Hrsg.): Ein Gutachten aus dem Eckhart-Prozeß in Avignon. In: Aus der Geisteswelt des Mittelalters. Studien und Texte, M. Grabmann gewidmet. Münster 1935. S. 1099–1124.

Till Beckmann: Daten und Anmerkungen zur Biographie Meister Eckharts und zum Verlauf des gegen ihn angestrengten Inquisitionsprozesses. Frankfurt a. M. 1978.

Winfried Trusen: Der Prozeß gegen Meister Eckhart. Vorgeschichte, Verlauf und Folgen. Paderborn 1988. [Erschöpfend.]

Eckhart-Bibliographien

Toni Schaller: Die Meister-Eckhart-Forschung bis zur Gegenwart. In: Freiburger Zeitschrift für Philosophie und Theologie 15 (1968) S. 262–316; 403–426.

– Zur Eckhart-Deutung der letzten dreißig Jahre. In: Freiburger Zeitschrift für Philosophie und Theologie (1969) S. 22–39.

Thomas O'Meara [u. a.]: An Eckhart Bibliography. In: The Thomist 42 (1978) S. 313–336.

Literatur zu Eckhart

Joseph Görres: Die christliche Mystik. Bd. 2. 1837. Regensburg ^{5}1878–80.

Petrus Groß: De Eckhardo philosopho. Bonnae 1858.

Joseph Ibach: Meister Eckhart, der Vater der deutschen Spekulation. Wien 1864.

Adolf Lasson: Meister Eckhart, der Mystiker. Zur Geschichte der religiösen Spekulation in Deutschland. Berlin 1868. Neudr. 1983.

Xaver Linsenmann: Über den ethischen Charakter der Lehre Meister Eckharts. Tübingen 1873.

Wilhelm Preger: Geschichte der deutschen Mystik des Mittelalters. 3 Bde. Leipzig 1874–93. [Reiche Quellen.]

C. Michelsen: Meister Eckhart, ein Versuch. Berlin 1888.

Franz Hartmann: Die Geheimlehre in der christlichen Religion nach den Erklärungen von Meister Eckhart. Leipzig 1895.

Martin Grabmann: Die Lehre des heiligen Thomas von der scintilla animae in ihrer Bedeutung für die deutsche Mystik im Prediger-Orden. In: Jahrbuch für Philosophie und Theologie 15 (1900) S. 135 ff.

Anton Pummerer: Der gegenwärtige Stand der Eckhart-Forschung. Bd. 1. Feldkirch 1903.

Leopold Ziegler: Die philosophische und religiöse Deutung des Meister Eckhart. In: Preußische Jahrbücher. Bd. 115. Berlin 1904. S. 503 ff.

Max Pahncke: Untersuchungen zu den deutschen Predigten Meister Eckharts. Halle (Saale) 1905.

Alfred Lotze: Kritische Beiträge zu Meister Eckhart. Halle (Saale) 1907.

Joseph Bernhart: Bernhardische und Eckhartische Mystik in ihren Beziehungen und Gegensätzen. Kempten 1912.

Ernst Diederichs: Meister Eckharts Reden der Unterscheidung, eine literarkritische Untersuchung. Halle (Saale) 1912.

Philipp Strauch: Meister Eckhart-Probleme. Hallenser Rektorats-Rede. Halle (Saale) 1912.

Max Pahncke: Eckhartstudien: In: Beilage zum Jahresbericht des Gymnasiums zu Neuhaldensleben. Ebd. 1913.

Margarethe Haacke: Der Gottesgedanke und das Gotteserlebnis bei Eckehart. Greifswald 1919.

Walter Lehmann: Meister Eckhart. Göttingen 1919. (Die Klassiker der Religion. Bd. 14 und 15. Hrsg. G. Pfannmüller.)

Ferdinand Weinhandl: Meister Eckhart im Quellpunkt seiner Lehre. Erfurt 1923.

Joseph Kuehnel: Meister Eckhart. Habelschwerdt 1924.

Paul Gurk: Meister Eckhart. Trier 1925.

Max Pahncke: Meister Eckharts Lehre von der Geburt Gottes in der Seele des Gerechten. In: Archiv für Religionswissenschaft. Bd. 23 (1925) S. 38 f.

Franz Meerpohl: Eckharts Lehre vom Seelenfünklein. Würzburg 1926.

Otto Karrer: Meister Eckhart. Das System seiner religiösen Lehre und Lebensweisheit. München 1926.

Susanne Hampe: Der Begriff der Tat bei Meister Eckhart. Weimar 1926.

Rudolf Otto: West-östliche Mystik. Vergleich und Unterscheidung zur Wesensdeutung. Gotha 1926. Neudr. Gütersloh 1979.

Josef Koch: Meister Eckhart und die jüdische Religionsphilosophie.

Jahresbericht der schlesischen Gesellschaft für vaterländische Cultur. Breslau 1928.
Herbert Grabert: Eine vergleichende Studie zur Psychologie der Mystiker und Psychopathen. Tübingen 1928.
Otto Karrer: Das Göttliche in der Seele bei Meister Eckhart. Würzburg 1928.
Rudolf Fahrner: Wortsinn und Wortschöpfung bei Meister Eckhart. Marburg 1929.
Karl Brethauer: Die Sprache Meister Eckharts im »Buch der göttlichen Tröstung«. Göttingen 1921. 1931.
Walter Lehmann: Meister Eckhart, der gotische Mystiker. Lübeck 1933.
Alois Dempf: Meister Eckhart, Einführung in sein Werk. Leipzig 1934.
Ilse Roloff: Meister Eckharts Schriften zur Gesellschaftsphilosophie. Jena 1934.
Alfred Rosenberg: Die Religion des Meister Eckhart. München 1934. [Auszug aus: Der Mythus des 20. Jahrhunderts.]
Joseph Bernhart: Meister Eckhart und Nietzsche. Leipzig 1935.
Marianus Müller: Meister Eckharts Seelenlehre und ihr Verhältnis zur Scholastik insbesondere zur Lehre des heiligen Thomas. Bonn 1935.
Käte Oltmanns: Meister Eckhart. Frankfurt a. M. 1935.
Barthold Peters: Der Gottesbegriff Meister Eckharts. Hamburg 1935.
Herma Piesch: Meister Eckharts Ethik. Luzern 1935.
Hugo Rahner: Die Gottesgeburt. Die Lehre der Kirchenväter von der Geburt Christi im Herzen der Gläubigen. In: Zeitschrift für katholische Theologie 59 (1935) S. 333–418.
Theodor Steinbüchel: Christliches Mittelalter. Leipzig 1935.
Lothar Schreier: Die Gottesgeburt im Menschen. Gespräch um Meister Eckhart. Regensburg 1936.
Wilhelm Bange: Meister Eckharts Lehre vom göttlichen und geschöpflichen Sein. Limburg 1937. [Literatur.]
Ernst Reffke: Eckhartiana IV. In: Zeitschrift für Kirchengeschichte 57 (1938) S. 19 ff.
Oskar Bolza: Meister Eckhart als Mystiker. München 1938.
Mechthild Dallmann: Die Anthropologie Meister Eckharts. Tübingen 1938.
Josef Hemmerich: Über das Wesen der Gotteseinung bei Meister Eckhart. Speyer 1939.

Heinrich Ebeling: Meister Eckharts Mystik. Stuttgart 1941.
Gustav Mensching: Vollkommene Menschwerdung bei Meister Eckhart. Amsterdam/Leipzig 1942.
Ernst Brachen: Meister Eckhart und Fichte. Würzburg 1943.
Hellfried Nolz: Die Erkenntnislehre Meister Eckharts und ihre psychologischen und metaphysischen Grundlagen. Wien 1949.
H. Müller-Echard: Die Mystik Meister Eckharts und der Bewußtseinszustand des 20. Jahrhunderts. In: Zeitschrift für Philosophische Forschung 4 (1949/50) S. 402 ff.
Ernst Brachen: Meister Eckhart als Philosoph. In: Deutsche Vierteljahrsschrift für Literaturwissenschaft und Geistesgeschichte 24 (1950) S. 32 ff.
Maria Alberta Lücker: Meister Eckhart und die devotio moderna. Studien und Texte zur Geistesgeschichte des Mittelalters. Bd. 1. Leiden 1950.
Hans Hof: Scintilla animae, eine Studie zu einem Grundbegriff in Meister Eckharts Philosophie. Lund 1952.
Angelus Walz: Gottesfreunde um Meister Eckhart. In: Historisches Jahrbuch der Görresgesellschaft 72 (1953) S. 118 ff.
Gunther Stephenson: Gottheit und Gott in der spekulativen Mystik Meister Eckharts. Bonn 1954.
Joachim Kopper: Die Metaphysik Meister Eckharts. Schriften der Universität des Saarlandes. Saarbrücken 1955.
Alois Dempf: Meister Eckhart. Freiburg i. Br. 1960.
Ludwig Hödl: Metaphysik und Mystik im Denken Meister Eckharts. In: Zeitschrift für katholische Theologie 82 (1960) S. 257 ff.
Udo Nix / Raphael Öchslin (Hrsg.): Meister Eckhart der Prediger. Freiburg i. Br. 1960.
Herbert Wackerzapp: Der Einfluß Meister Eckharts auf die ersten philosophischen Schriften des Nikolaus von Kues (1440–1450). Münster 1962. (Beiträge zur Geschichte der Philosophie des Mittelalters. Bd. 39. H. 3.)
Bardo Weiss: Die Heilsgeschichte bei Meister Eckhart. Mainz 1965.
Shizuteru Ueda: Die Gottesgeburt in der Seele und der Durchbruch der Gottheit. Gütersloh 1965.
Ingeborg Degenhardt: Studien zum Wandel des Eckhart-Bildes. Leiden 1967.
Karl O. Schmidt: Meister Eckharts Weg zum kosmischen Bewußtsein. Ein Brevier praktischer Mystik. München 1969.
Dietmar Mieth: Die Einheit von vita activa und vita contemplativa in

den deutschen Predigten und Traktaten Meister Eckharts und bei Johannes Tauler. Regensburg 1969.

Friedrich-Wilhelm Wetzlaff-Eggebert: Deutsche Mystik zwischen Mittelalter und Neuzeit. Tübingen 1947. Berlin [3]1969. [Reiche Literatur.]

Alois Maria Haas: Nim din selbes war. Studien zur Lehre von der Selbsterkenntnis bei Meister Eckhart, Johannes Tauler und Heinrich Seuse. Freiburg (Schweiz) 1971.

Ernst von Bracken: Meister Eckhart. Legende und Wirklichkeit. Meisenheim 1972.

Ernst Soudek: Meister Eckhart. Stuttgart 1973. [Literatur.]

Heribert Fischer: Meister Eckhart. Einführung in sein philosophisches Denken. Freiburg/München 1974. [Literatur.]

Erika Albrecht: Im ewigen Jetzt. Erfahrungen mit lebendiger Eckhart-Mystik. Mit einem Vorwort von Karlfried Graf Dürckheim. Freiburg i. Br. 1975.

Karl Albert: Meister Eckharts These vom Sein. Saarbrücken 1976.

Hans Waldenfels: Absolutes Nichts. Zur Grundlegung des Dialogs zwischen Buddhismus und Christentum. Freiburg i. Br. 1976.

Wolfram M. Fues: Mystik als Erkenntnis? Kritische Studien zur Eckhart-Forschung. Bonn 1978.

Erwin Waldschütz: Meister Eckhart. Eine philosophische Interpretation seiner Traktate. Bonn 1978.

Alois Maria Haas: Meister Eckhart als normative Gestalt geistlichen Lebens. Einsiedeln 1979.

Gerhard Wehr: Meister Eckhart. Freiburg 1979.

Bernhard Welte: Meister Eckhart. Gedanken zu seinen Gedanken. Freiburg 1979.

Louis Cognet: Gottes Geburt in der Seele. Freiburg i. Br. 1980.

Wolfgang Böhme (Hrsg): Meister Eckhart heute. Karlsruhe 1980.

Udo Kern (Hrsg.): Freiheit und Gelassenheit heute. München/Mainz 1980.

Josef Zapf: Meister Eckhart und die mystische Tradition des Ostens. In: Zeitwende 51 (1980) S. 102 ff.

Werner Jäger: Kontemplation. Gottesbewegung heute. Der Weg in die Erfahrung nach Meister Eckhart und der »Wolke des Nichtwissens«. Salzburg 1982.

Udo Kern [u. a.] (Hrsg.): Gespräch mit Meister Eckhart. Berlin 1982.

Josef Linnewedel: Meister Eckharts Mystik. Zugang und Praxis für heute. Stuttgart 1983.

Bernhard Mojsisch: Meister Eckhart. Analogie, Univozität und Einheit. Hamburg 1983.

Alois Maria Haas: Geistliches Leben im Mittelalter. Freiburg (Schweiz) 1984.

Kurt Ruh: Meister Eckhart. Theologe, Prediger, Mystiker. München 1985.

Kurt Ruh (Hrsg.): Abendländische Mystik im Mittelalter. Symposion Kloster Engelberg 1984. Stuttgart 1986. [Überwiegend Meister Eckhart.]

Gerhard Wehr: Meister Eckhart. Mit Selbstzeugnissen und Bilddokumenten. Reinbek bei Hamburg 1988.

Inhalt